司法警官职业教育优质教材

警察实战技战术

JINGCHA SHIZHAN JIZHANSHU

编　著◎姜红升

中国政法大学出版社

2018·北京

司法警官职业教育优质教材
审定委员会

编写说明

　　"十三五"以来，我国高等职业教育进入了一个以综合改革、质量提升为特征的新阶段。为贯彻落实《国务院关于加快发展现代职业教育的决定》（国发〔2014〕19号），教育部先后颁布了一系列文件，为我国高等职业教育发展提供了新的理念，指明了新的方向。广大高等职业院校加强人才培养体制机制创新，深化产教融合、校企合作，加强专业课程、师资队伍与信息化建设，提高技术技能积累与社会服务能力，拓展国际合作与交流，呈现出蓬勃生机。职业教育集团、混合所有制、现代学徒制等现代职业教育人才培养体制机制相继试点并不断走向成熟。持续深化教育教学改革、深入推进产教融合、培养高素质技术技能人才、提升学校对经济社会发展的贡献度，成为高等职业院校共同的目标。

　　随着高等职业教育教学改革和国家司法体制改革的深入开展，司法警官职业院校的人才培养体制机制也在发生深刻的变化。为对接监狱、戒毒人民警察招录，培养政治坚定、作风优良、业务过硬、纪律严明的政法行业人才，司法警官职业院校全面贯彻落实党的教育方针，紧跟国家司法体制改革步伐，遵循职业教育发展规律，以立德树人为根本，以提高质量为核心，以专业建设为重点，准确定位办学方向，提高办学实力，为社会平安和法治建设提供坚实的政法行业人才保障。

　　为实现司法警官职业院校的人才培养目标，凸显人才培养特色，我们组织了一批教学水平高、实践经验丰富的教师与行业专家编写了系列教材。该系列教材立足政法行业人才需求，积极回应国家司法体制改革需求，融入最新的法律规定、教育理念与教学方法，吸取同类教材的优点，力争打造特色鲜明、内容新颖、能学辅教助训的优质品牌。

因水平有限，该系列教材或许有不足之处。我们会在今后的教学实践中不断完善，以期对提高我国司法警官职业院校的教育教学质量，培养优秀政法行业人才起到越来越大的作用。

审定委员会
2017 年 5 月

序　言

在司法行政机关人民警察招录机制改革的背景下，根据现代职业教育理念，为切实发挥警体课程在司法警官院校人才培养中的作用，提高学生的职业技能和警务素质，帮助学生快速适应新时代司法行政机关人民警察岗位需求，我们在广泛开展岗位调研的基础上，积极探求司法警官职业院校警体课程实战化教学改革的形式与路径，编写了《警察实战技战术》教材。

本教材立足新形势下警察执法对警务技战术的实际需求，坚持紧跟实际、贴近实战、注重实效的指导思想，突破一般警务技战术实训教材就"战术讲战术"的思维和框架，将依法施策、遵循程序，充分估势、防控为先，合理应对、尊重民情、随情处变、力保安全的基本原则和合法、合理、有效、实用的执法要求贯穿其中，以警务任务中的法律依据、有效技能、处置程序为主要内容，深入阐述了警察任务处置的法律依据和程序要求，强化了严格依法执行警务和执法安全、执法规范的意识。

本教材着眼警察任务处置时面临的新情况、新问题和信息化建设的新要求，以岗位执法实战能力培养为主线，对繁杂的技能、战术进行整合，对陈旧的理念、思路进行创新，以实战情境为导向，以任务驱动为核心，将实战训练与实战应用有机结合起来，对警察实战技战术训练内容和方法进一步深化、细化、丰富和拓展。设定了五个情境、十七个子情境和十七个任务点。其中，五个情境从近年警察执法中常见的共性情境案例精选出来的；十七个子情境的选择依据为警察执法处警率比较高且比较热点的警情；十七个任务点为子情境的实战应用，以任务处置过程作为教材的内容线索，构建了贴近实情、贴近实案、贴近实岗的"三贴近"课程内容体系。既反映了警察工作最前沿理论成果，又切合司法警官院校人才培养的基本要求。

　　本教材坚持"训为用，练为战"的训练思想，突出"教、学、练、战"一体化的实训模式，吸取失败案例的处置教训，结合现代信息化教育技术等手段，以图文并茂的方式，从人体生理本能出发设置技战术，集理论讲授、技战术示范、典型案例分析及实践应用要求为一体。具有较强的指导性、实用性和可操作性，易理解，易掌握，可以作为院校人才培养和基层干警培训用教材。

姜红升

2018 年 7 月 16 日

目　录

情境一　庭审警务突发警情处置

情境二　盘查警务突发警情处置

情境四　嫌疑人抓捕警务突发警情处置

情境五　群众性事件警务突发警情处置

情境一　庭审警务突发警情处置

子情境一

庭审时语言抵抗警情处置

任务一　对庭审中恶语相加，毁坏相关物品案情处置

案　情：某日，某市中级人民法院对一起拆迁引发的贪污受贿案件进行审理。

案情诱导：从审判长核对被告人信息开始，被告人就不肯配合，消极抵抗。当公诉人宣读起诉书时，被告人当庭失控，拿起话筒大声喧哗，哄闹法庭，无视法庭纪律，见此情景，审判长宣布暂时休庭。

基本知识

科目一　案件处置的法律依据

一、《中华人民共和国人民警察法》

第 2 条　人民警察的任务是维护国家安全，维护社会治安秩序，保护公民的人身安全、人身自由和合法财产，保护公共财产，预防、制止和惩治违法犯罪活动。

人民警察包括公安机关、国家安全机关、监狱、劳动教养管理机关的人民警

察和人民法院、人民检察院的司法警察。

第8条　公安机关的人民警察对严重危害社会治安秩序或者威胁公共安全的人员，可以强行带离现场、依法予以拘留或者采取法律规定的其他措施。

第11条　为制止严重违法犯罪活动的需要，公安机关的人民警察察依照国家有关规定可以使用警械。

第18条　国家安全机关、监狱、劳动教养管理机关的人民警察和人民法院、人民检察院的司法警察，分别依照有关法律、行政法规的规定履行职权。

第35条　拒绝或者阻碍人民警察依法执行职务，有下列行为之一的，给予治安管理处罚：

（一）公然侮辱正在执行职务的人民警察的；

（二）阻碍人民警察调查取证的；

……

（五）有拒绝或者阻碍人民警察执行职务的其他行为的。

以暴力、威胁方法实施前款规定的行为，构成犯罪的，依法追究刑事责任。

二、《中华人民共和国人民警察使用警械和武器条例》

第2条　人民警察制止违法犯罪行为，可以采取强制手段；根据需要，可以依照本条例的规定使用警械；使用警械不能制止，或者不使用武器制止，可能发生严重危害后果的，可以依照本条例的规定使用武器。

第3条　本条例所称警械，是指人民警察按照规定装备的警棍、催泪弹、高压水枪、特种防暴枪、手铐、脚镣、警绳等警用器械；所称武器，是指人民警察按照规定装备的枪支、弹药等致命性警用武器。

第8条　人民警察依法执行下列任务，遇有违法犯罪分子可能脱逃、行凶、自杀、自伤或者有其他危险行为的，可以使用手铐、脚镣、警绳等约束性警械：

……

（二）执行逮捕、拘留、看押、押解、审讯、拘传、强制传唤的；

……

人民警察依照前款规定使用警械，不得故意造成人身伤害。

三、《人民法院司法警察条例》

出现危及法庭内人员人身安全、被告人或者罪犯脱逃等紧急情况时，人民法院司法警察应当先行采取必要措施。

第2条　人民法院司法警察是中华人民共和国人民警察的警种之一。

第3条　人民法院司法警察的任务是预防、制止和惩治妨碍审判活动的违法犯罪行为，维护审判秩序，保障审判工作顺利进行。

第7条　人民法院司法警察的职责：

（一）维护审判秩序；

……

第8条　在法庭审判过程中，人民法院司法警察应当按照审判长或者独任审判员的指令，对违反法庭规则、哄闹、冲击法庭、侮辱、诽谤、威胁、殴打司法工作人员、诉讼参与人或者其他人员等扰乱法庭秩序的，依法予以强行带离，执行罚款或者拘留。

四、《人民法院司法警察看管规则》

第5条　司法警察执行看管时：

……

（三）对被告人一般不使用械具。对重刑犯或有迹象表明可能行凶、脱逃、自杀、自残的被告人，经批准可以使用警械具。对重刑犯，应面对面进行看管。

……

五、《人民法院司法警察值庭规则》

第2条　值庭是人民法院司法警察在法庭审判活动中，为维护法庭秩序，保证参与审判活动人员的安全，保证审判活动顺利进行所实施的职务行为。

第5条　司法警察值庭的职责：

……

（五）制止妨害审判活动的行为。

第12条　对旁听人员违反下列法庭纪律的，值庭的司法警察应当予以劝阻、制止：

……

（三）鼓掌、喧哗、哄闹；

（四）擅自发言、提问；

……

第 13 条　对下列行为，值庭的司法警察可以依法采取强制措施：

……

（二）严重违反法庭纪律，经劝阻、制止无效的；

（三）哄闹、冲击法庭，侮辱、威胁、殴打参与审判活动人员等严重扰乱法庭秩序的。

第 14 条　司法警察值庭时可以采取的强制措施包括：责令退出、强制带离、强行扣押、收缴、检查等。

科目二　语言控制

语言控制指民警在警务行动中，通过语言方式，向嫌疑人依法宣传国家方针、政策以及相关法律法规，发出警告指令和引导语言，达到不战而屈人之兵，或控制嫌疑人举动，防止反抗的目的，是警务行动的前提和基础。

科目三　押解带离

押解带离，是民警利用技术动作有效控制嫌疑人，依法将其由一个地点带至另一个地点的警务行动。

一、押解带离的基本要求

1. 女嫌疑人的押解带离必须有女警参加。

2. 押解带离时民警在嫌疑人或犯人的侧后方，切忌并行或在前方。

3. 押解带离中随时观察，了解嫌疑人或犯人的情绪变化，防止其与熟人接触或以暗语示意，防止发生在途中逃脱、自杀等事故。

4. 押解带离以车辆带离为主，原地看管、等候车辆支援时或情况不允许、需要徒步带离，尽量快速前进，避开闹市区、人烟荒芜区。

5. 上铐押解带离时，对有自杀、自伤等倾向且需立即带离或押解的，可在其手腕处或手铐上使用毛巾等进行保护。但必须注意警戒，进行衬垫后，铐环较容易从手掌脱出。

二、押解带离的类型

依据警情的不同，押解带离主要分为徒手押解带离、警械控制押解带离和武器控制押解带离三种类型。

警务技战术实战训练

科目一　语言控制技能训练

适用警情：

嫌疑人的对抗仅限在语言不服从或消极抵抗阶段。

技术要领：

1. 告知。民警在侧身戒备的基础上，双眼目视嫌疑人。并进行语言控制："你的行为已扰乱了法庭秩序，请保持冷静，否则对你采取强制措施!"

你的行为已扰乱了法庭秩序，请保持冷静，否则对你采取强制措施!

2. 劝告。民警在搭手戒备的基础上，双眼目视嫌疑人。并进行语言控制："保持冷静! 配合我们的执法，否则武力控制!"

保持冷静！配合我们的执法，否则武力控制！

3. 警告。民警在搭枪戒备的基础上，双眼怒视嫌疑人。并进行语言控制："保持冷静！停止不法行为！否则武力控制！"

保持冷静！停止不法行为！否则武力控制！

科目二　戒备姿势技能训练

民警执法时，针对不同警情，面对嫌疑人采取不同武力等级的基本站位戒备姿势。主要包括侧身戒备姿势、搭手戒备姿势、扶带戒备姿势、搭枪戒备姿势。

一、侧身戒备姿势

适用警情：

适用于危险等级较低的警情。

技术要领：

在立正姿势的基础上，民警右脚向后撤一步，身体半面向右转，两脚前后开立，重心置于两脚中间，自然站立；两手自然下垂腿部两侧，眼睛注视嫌疑人，尤其注视对方的眼睛、肩和双手，神态自然，保持一定的戒备状态。

二、搭手戒备姿势

适用警情：

适用于危险等级不高的警情。

技术要领：

在侧身戒备姿势基础上，民警左手轻轻扣搭在右手腕部并置于腹前，眼睛注视嫌疑人，尤其注视对方的眼睛、肩和双手，保持戒备状态。

三、扶带戒备姿势

适用警情：

适用于危险等级较高的警情

技术要领：

在侧身戒备姿势基础上，民警两手放置于战术腰带上，眼睛注视嫌疑人，尤其注视对方的眼睛、肩和双手，保持一定的戒备状态。

四、搭枪戒备姿势

适用警情：

适用于危险等级高的警情。

技术要领：

在侧身戒备姿势基础上，民警右手扶在枪（高武力级别警械与武器）上，左手戒备于体前，双眼怒视嫌疑人，尤其是对方的眼睛、肩和双手，保持高度戒备状态，随时做好取出警械武器应对突发情况的准备。

科目三　手腕防抓解脱技能训练

适用警情：

民警前戒备手被嫌疑人双手抓握。

技术要领：

1. 民警重心后移，双眼目视嫌疑人。并进行语言控制："你涉嫌袭警，立刻松手！"同时被抓手握拳收紧。

2. 民警右手由下往上抓握左拳，撤左腿的同时顺势斜向下拉。

3. 解脱后战术移动保持有效戒备距离并取棍。

4. 应急开棍搭肩戒备，并进行语言控制："保持冷静否则使用伸缩警棍！"。

科目四　体前上铐技战术训练

适用警情：

嫌疑人完全服从语言控制，存在潜在危险性。

技战术要领：

1. 双警策应战术站位，戒备民警腹前隐藏式取棍戒备。

2. 主盘民警语言控制："慢慢转身，双手体前举起，与腹同高，四指并拢，拇指分开，掌心向下。"

3. 主盘民警取铐。

4. 持、握铐，握稳铐体与连接链，铐环朝前。

5. 验铐。在持铐戒备的基础上，右手持握手铐，左手推压铐环一圈，看铐环能否锁定，保险是否打开。

6. 持铐、战术接近。

7. 左手上铐。嫌疑人完全控制后，盘查民警折指压腕左手体前上铐控制，进一步牢固控制。

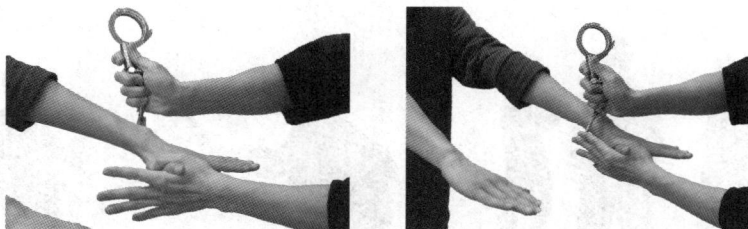

8. 民警旋压嫌疑人左手后，压腕上铐控制其右手。

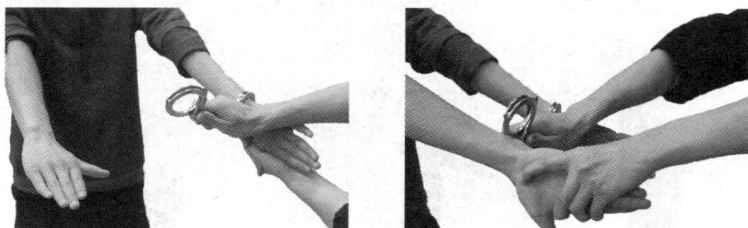

9. 再验铐。上铐后，对铐环和保险进行进一步查验。

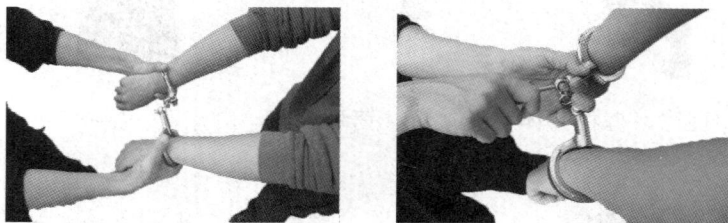

10. 搜身押解带离。

科目五　蹲姿体前上铐技战术训练

适用警情：

民警体前上铐过程中，左手上铐完毕，嫌疑人突然不服从控制，右手指向非民警，并进行辱骂。

技战术要领：

1. 主盘民警战术撤退的同时，戒备民警应急开棍戒备，并进行语言控制："保持冷静，否则使用伸缩警棍！"然后，主盘民警再进行语言控制："保持冷静，蹲下，否则后果自负！"

2. 主盘民警战术戒备，接近嫌疑人，左手折指、压腕控制，然后右手取铐，内旋形成背手铐。

3. 在低姿戒备的基础上，左手抓握嫌疑人右掌外侧，内旋的同时压腕上铐。

科目六　折指扶肘押解带离技战术训练

适用警情：

嫌疑人体前上铐完毕，服从民警控制，较低潜在危险。

技战术要领：

主盘民警位于嫌疑人的右后侧，左手抓握控制嫌疑人肘关节，拇指控制嫌疑人肘部活动机能神经中心，左手向内推肘部的同时，右手向外拉，折压嫌疑人中指和食指。戒备民警技战术动作相反。

科目七　实战综合应用

一、分析研判——应急预案制定

执法程序	案情分析		案情判定
应急预案	预案一	语言控制有效，被告人配合	策应战术站位，体前上铐
	预案二	被告人攻击审判席	1. 距离近民警背后阻截，实施有效控制； 2. 另一名民警体前阻截； 3. 武力控制或警械控制； 4. 视情请求警力支援
	预案三	被告人自杀、自伤	1. 距离近民警控制手或物体，阻止进一步的伤害； 2. 另一名民警控制颈或腰部； 3. 视情请求警力支援

二、预案实施

1. 策应战术站位。主盘民警提手戒备，戒备民警隐藏式持棍戒备。

2. 告知。主盘民警进行语言控制："你的行为已扰乱了法庭秩序，请保持冷静，否则对你采取强制措施！"并根据警情采取进一步措施。

警情诱导一：嫌疑人不服从，针对审判席吵闹，并来回走动。

3. 战术站位控制，警告。主盘民警进行语言控制："保持冷静！停止不法行为！否则武力控制！"

警情诱导二：嫌疑人双手抓住主盘民警右手手腕倾诉。

4. 手腕防抓解脱。

警情诱导三：审判长命令休庭，带离嫌疑人。

5. 劝告。主盘民警进行语言控制："保持冷静，配合我们的执法，否则武力控制！"

警情诱导四：嫌疑人服从民警劝告。

6. 体前上铐控制。

警情诱导五：左手上铐后，嫌疑人挥手指向法官，破口大骂。

7. 战术站位，戒备控制。戒备民警上开棍戒备，主盘民警进行语言控制："保持冷静，蹲下，否则后果自负！"

8. 蹲姿体前上铐折指扶肘押解带离。

子情境二

庭审时肢体袭击警情处置

任务二　对庭审中冲击法庭，欲殴打法官的案情处置

案　情：刘某（男）是一起行政诉讼案的原告，不服密云公安分局对其因扰乱公共场所秩序而作出的治安行政处罚决定，他向密云人民法院提起诉讼。

案情诱导：第一次庭审时，刘某在法庭里大吵大嚷，指责坐在他对面的被告代理人，他带来的旁听人员在庭审中随便说话，审判长要求他们退出法庭也不予理睬，导致庭审无法继续进行。第二次开庭时，刘某又组织了多人前来旁听，消极对抗，审判长多次向其释明法律规定，刘某不但不听，反而变本加厉，在法庭上哄闹、吵嚷、把矛头指向审判长，责骂审判长的同时，并向审判长逼近。

基本知识

科目一　案件处置的法律依据

一、《中华人民共和国人民警察法》

第 8、11 条（参照任务一）

二、《中华人民共和国人民警察使用警械和武器条例》

第 2、3 条；第 8 条第 1 款第 2 项（参照任务一）

三、《公安机关人民警察现场制止违法犯罪行为操作规程》

第 14 条　本规程所用术语的含义如下：

处置措施，是指公安民警为现场制止违法犯罪行为而依照本规程采取的强制

手段，由轻到重依次为：口头制止、徒手制止、使用警械制止、使用武器制止。

……

第三章　徒手制止

第 19 条　对正在以轻微暴力方式实施违法犯罪行为，尚未严重危及公民或者公安民警人身安全，经警告无效的，公安民警可以徒手制止；情况紧急，来不及警告或者警告后可能导致更为严重危害后果的，可以直接使用徒手制止。

第 20 条　公安民警徒手制止，应当以违法犯罪行为人停止实施违法犯罪行为为限度；除非必要，应当避免直接击打违法犯罪行为人的头部、裆部等致命部位。

第 21 条　当违法犯罪行为人停止实施违法犯罪行为时，公安民警应当立即停止可能造成人身伤害的徒手制止动作，并依法使用手铐、警绳等约束性警械将其约束。

四、《人民法院司法警察看管规则》

第 5 条第 1 款第 3 项（参照任务一）

五、《人民法院司法警察值庭规则》

第 2 条、第 5 条第 5 项（参照任务一）

第 13 条　对下列行为，值庭的司法警察可以依法采取强制措施：

（一）未经许可进入审判区，经劝阻、制止无效或者有违法犯罪嫌疑的；

（二）严重违反法庭纪律，经劝阻、制止无效的；

（三）哄闹、冲击法庭，侮辱、威胁、殴打参与审判活动人员等严重扰乱法庭秩序的。

六、《人民法院司法警察条例》

第 2、3、7 条（参照任务一）

第 9 条　对以暴力、威胁或者其他方法阻碍司法工作人员执行职务的，人民法院司法警察应当及时予以控制，根据需要进行询问、提取或者固定相关证据，依法执行罚款、拘留等强制措施。

第 10 条　对不宜进入审判区域而强行进入的，人民法院司法警察应当依法强行带离；对涉嫌违法犯罪的，人民法院司法警察应当予以控制，并视情节及时移送公安机关。

第 13 条　对严重扰乱人民法院工作秩序、危害人民法院工作人员人身安全及法院机关财产安全的，人民法院司法警察应当采取训诫、制止、控制等处置措施，保存相关证据，对涉嫌违法犯罪的，及时移送公安机关。

科目二　民警徒手防卫与控制

一、民警徒手防卫与控制

民警徒手防卫与控制，指民警在执行任务时，遇到不能或不便使用警械和武器的情况时，使用徒手制止暴力侵害，保护自身安全，抓捕犯罪嫌疑人所采用的技术。

民警徒手防卫与控制技术，是从人体本能出发，以踢、打、摔、拿等技法为手段，通过擒控关节、击打要害、控制活动机能神经中心，使犯罪嫌疑人遭受超生理限度的压迫和打击，失去活动能力或反抗能力，达到快速制服、擒获犯罪嫌疑人的实战技能。

民警徒手防卫与控制技术的科学运用，目的是对非法暴力活动的防止、控制和制止。具体来说，就是围绕以执法控制为目的而适时、适度地打击犯罪嫌疑人的暴力行为，制止暴力犯罪，预防袭警，在彻底控制住犯罪嫌疑人的情况下将其抓捕归案。掌握徒手防卫与控制技能，对于提高民警执法活动的成功率、最大限度地减少警察伤亡，具有十分重要的作用。

二、民警徒手防卫与控制的训练理念

1. 民警是普通执法人员而非专业运动员；
2. 民警所进行的是执法活动而非竞技体育；
3. 民警身处复杂执法情境而非封闭赛场；
4. 民警必须遵循法律而非竞赛规则。

三、民警徒手防卫与控制的技术特点

1. 简单实用，安全有效；
2. 防控结合，一招制胜；

3. 机动灵活，运用广泛。

四、民警徒手防卫与控制的使用原则

1. 保持戒备，控制距离；
2. 合理站位，发挥优势；
3. 机智勇敢，沉着冷静；
4. 扬长避短，攻防兼备；
5. 攻其不备，一招制胜；
6. 持续评估，适时调整；
7. 合理合法，安全有效。

五、民警徒手防卫与控制的实战要求

（一）形势评估要充分

知己知彼，百战不殆。民警在徒手防卫与控制犯罪嫌疑人之前，要收集相关的情报信息，客观、全面地分析犯罪嫌疑人的基本情况、自身情况和处置环境条件，对犯罪嫌疑人的年龄、身高、体重、身体素质、反抗能力、藏有凶器的可能性，以及是否有同伙的接应等方面进行评估。同时，分析面临的各种危险因素和可能出现的情况，在危险"加一"的基础上制定周密的方案，力争做到万无一失，切忌盲目行动、贸然行事。

（二）警力优势要保持

民警对犯罪嫌疑人实施徒手控制时，大多数犯罪嫌疑人会进行反抗，反抗能力和反抗程度会出乎常人想象，并且不计后果。因此，民警单人实施徒手控制危险性较大，要有以多胜少、以强胜弱的作战理念。如果警力不足，不能逞强蛮干、轻举妄动，要形成警力优势，采取多对一控制，相对更安全可靠。

（三）控制双手是关键

"手"是对犯罪嫌疑人行凶或拒捕起关键性作用的部位。如不牢固控制住其双手，犯罪嫌疑人极有可能突然拿出凶器进行反抗、拒捕，威胁民警的生命安全。

科目一　抱腰阻截控制技能

适用警情：

民警在嫌疑人身后戒备，嫌疑人突然袭击被保护的人。

技术要领：

1. 主盘民警迅速由后方提手戒备接近嫌疑人。

2. 主盘民警右腿插于嫌疑人两腿中间，右手快速从其腰穿过，左手抓握右手腕，控其腰部，右肩抵住后腰，双手后拉、锁控迫使嫌疑人上体贴近民警。

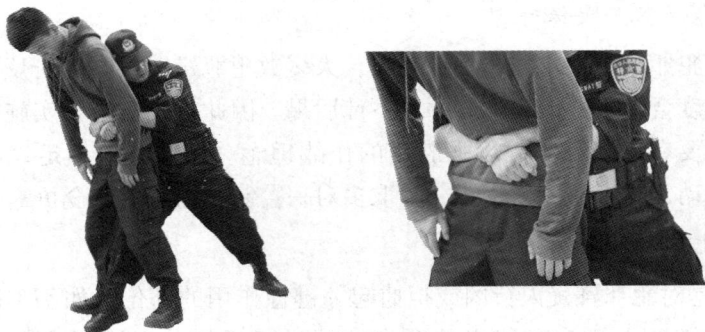

3. 主盘民警头贴近嫌疑人身体，左腿往后撤降低重心的同时，双臂锁紧嫌疑人腰部后拉，瞬间阻截嫌疑人前进；

4. 主盘民警身体重心向后坐的同时，合抱手臂锁腰、向左斜下后拉、转体将其摔倒。

科目二　背向骑压式双警控制技战术

适用警情：

嫌疑人摔倒的瞬间，重心随民警的牵引向左后移动。

技战术要领：

1. 主盘民警倒地瞬间身体继续向左翻滚，利用双脚脚前掌蹬地，右腿迅速越过嫌疑人身体，倒地瞬间形成骑压式。

2. 主盘民警双腿夹紧两肋，身体重心前移同时右肘碾压嫌疑人左耳根活动机能神经中心处，用左手控制左手腕，并进行语言控制："不要动，否则后果自负。"

3. 戒备民警横持伸缩警棍锁控嫌疑人右小腿胫骨外侧活动机能神经中心，左腿跪压嫌疑人左小腿胫骨外侧活动机能神经中心。

4. 主盘民警右腿跪压嫌疑人背部活动机能神经中心，双手中指控制眉骨活动机能神经中心，双手后拉、跪压、扳折控制颈部，并进行语言控制："配合盘查，否则后果自负。"

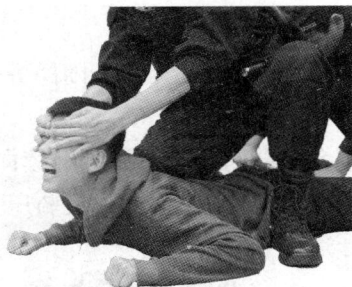

5. 主盘民警进行语言控制的同时，重心右移，右手控制眉骨活动机能神经中心，左手扭提拉嫌疑人左手腕，至民警左大腿处。

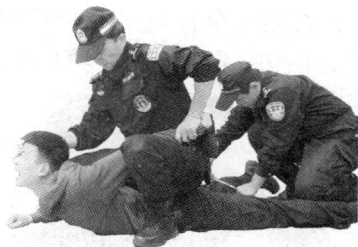

6. 嫌疑人左手被控制后，主盘民警先用右手替换左手，控制嫌疑人眉骨活动机能神经中心，再控制嫌疑人的右手。

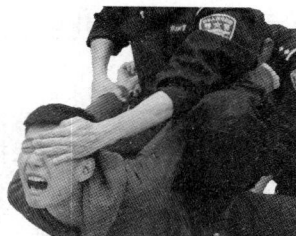

科目三　双警背向骑压式上铐技战术

适用警情：

嫌疑人被民警背向骑压式控制。

技战术要领：

1. 戒备民警保持控制状态。

2. 主盘民警左手折控嫌疑人右手大拇指，并折腕；右手取铐压腕上铐，顺势折肘，右大腿跪控其右肘。

3. 主盘民警进行语言控制："不要乱动，否则后果自负！"左手折控嫌疑人左手大拇指，左小腿顶压控制嫌疑人左肘，右手压腕上铐、验铐、上保险。

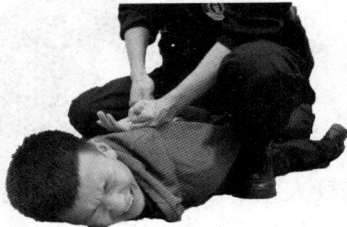

科目四　正面骑压式控制技战术

适用警情：

嫌疑人摔倒的瞬间，重心保持较好，往民警身体坐。

技战术要领：

1. 主盘民警臀部积极着地，倒地瞬间，身体积极向右侧翻滚，将犯罪嫌疑人摔倒在地。

2. 主盘民警右腿迅速越过嫌疑人身体，身体紧紧贴住嫌疑人，臀部积极向右转，坐压在嫌疑人腹部上侧、接近胸口的位置，呈跪姿，膝盖顶住其腋窝，两膝盖内侧紧贴其肋部，并夹紧，成骑压式控制。右手掌根压住嫌疑人左耳根活动机能神经中心，左手抓压控制其左手腕，形成控制。

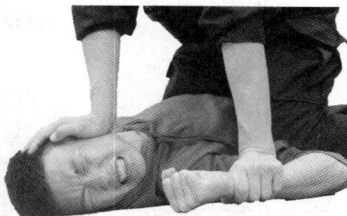

　　3. 嫌疑人左右翻滚，右手挥击，主盘民警双手抓握嫌疑人的双手手腕并压制在其胸口，身体重心前倾，对其身体进行压制。

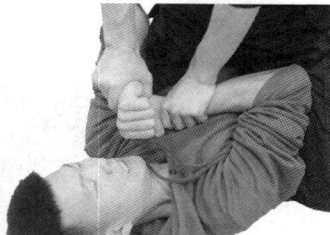

　　4. 嫌疑人继续反抗，臀部奋力往上挺，主盘民警借力将臀部稍稍抬起，此时身体所有力量均衡的落到嫌疑人的胸口。

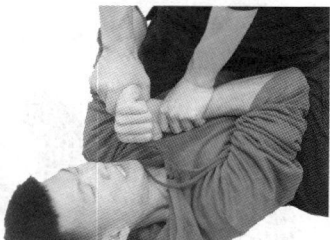

　　5. 主盘民警以左脚掌为轴，身体及臀部向右侧转动，右脚做弧线运动，经其头部上侧，脚踝抵于其右侧颈动脉处，膝窝横压于其颈部上侧，左脚抵于其左侧腋下；主盘民警臀部快速着地，双腿夹紧，锁住嫌疑人右肩的同时，脚跟后拉，将其头部锁压住；主盘民警臀部、腰部、背部依次着地，左手顺着嫌疑人的右手臂滑到其手腕关节，使其手臂伸直，肘关节抵于右侧大腿内侧，两膝盖夹紧，臀部向上顶起，双手折压其左手腕。

6. 主盘民警两腿夹紧嫌疑人左肘，左手控其前臂，右手折其左手腕，锁腕、控肘、顶胸合力控制。

7. 主盘民警两腿夹紧，双脚脚后跟后拉，迅速坐起呈三角锁控。

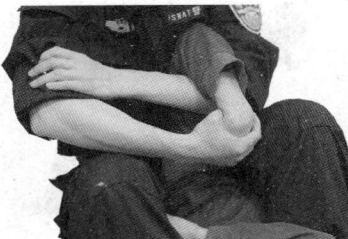

8. 主盘民警左手抓握折控嫌疑人左手中指和无名指。

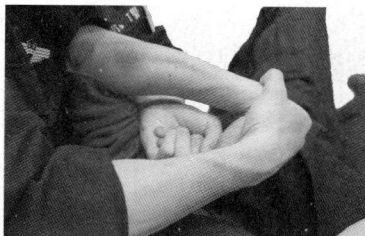

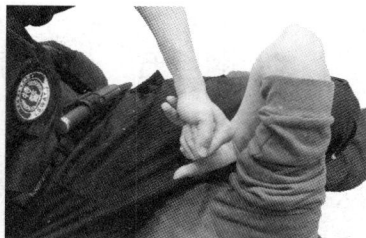

9. 主盘民警身体重心右移，折指、控腕、提拉，臀部坐紧，合力控制，迫使嫌疑人成俯卧；右膝跪压嫌疑人背部活动机能神经中心，左手对其左手进行折指、控腕、折肩，右手控制嫌疑人耳根活动机能神经中心。

10. 戒备民警横持伸缩警棍压控嫌疑人膝盖处；嫌疑人成俯卧姿势后，主盘民警用右膝跪压嫌疑人背部活动机能神经中心，在有效控制的基础上，跪姿取铐、持铐。

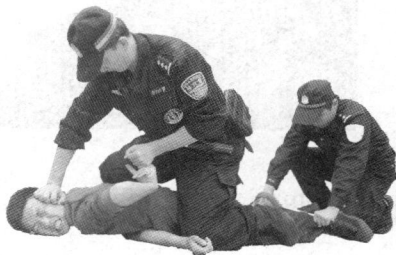

科目五　正面骑压背姿上铐技战术

适用警情：

嫌疑人被有效正面骑压控制。

技战术要领：

1. 戒备民警保持控制状态。

2. 主盘民警进行语言控制："保持冷静，否则后果自负！"左手折控嫌疑人左手大拇指，右手压腕上铐，顺势折肘。

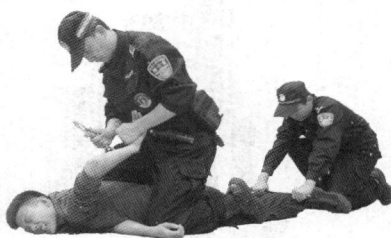

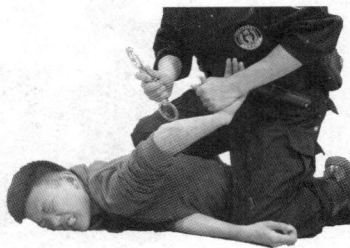

3. 主盘民警左手折嫌疑人大拇指并折腕，右手压腕上铐。

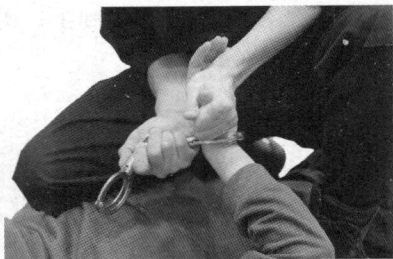

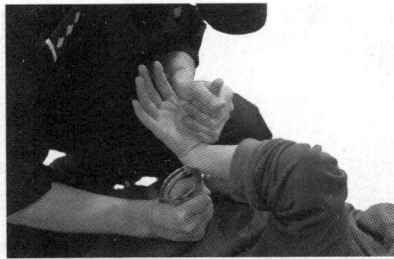

科目六　单警俯卧上铐押解带离技能

适用警情：

嫌疑人被有效俯卧上铐，并服从民警语言控制。

技术要领：

1. 民警位于嫌疑人左手侧位置，右膝跪压嫌疑人腰部，左手扶肘，大拇指压控肘部活动机能神经中心，右手折其左手腕，上提嫌疑人左胳膊，同时进行语言控制："慢慢跪右膝！"

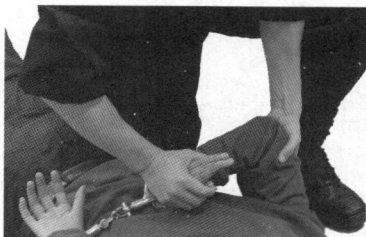

2. 民警提高重心，抚肘、折腕、上提嫌疑人左臂的同时，进行语言控制："跪左膝！"嫌疑人双膝跪地后，民警迅速降低重心，折腕下压，防止嫌疑人反抗。

3. 民警进行语言控制："右腿伸直，屁股坐下！"抚肘、折腕、上提，同时进行语言控制："慢慢起立，不要乱动！"起立后迅速抚肘、折腕、下压。

科目七　单警徒手别臂固锁控制技能

适用警情:

嫌疑人突然袭击需要保护的人,民警上前阻截,嫌疑人单手抓推警察胸口处。

技术要领:

1. 民警语言劝告嫌疑人,分散注意的同时,用左手压住嫌疑人腕根处,身体稍微左转的同时,顺势用右肘砸压嫌疑人左手肘部。

2. 民警上右腿的同时,右臂迅速从左腋下穿过,左手抓握右手腕,右手大小臂夹紧回拉,迫使嫌疑人紧贴自己的身体;合力继续斜向下旋压控,迫使嫌疑人俯卧,右膝盖跪压其背部活动机能神经中心,右肩右肘折压其左肩,左手按压颈部,合力控制嫌疑人。

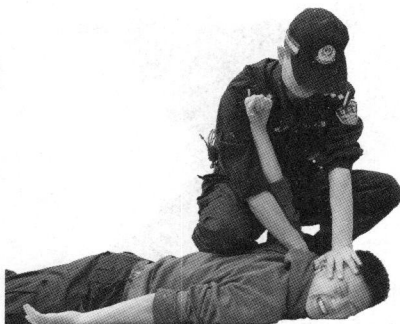

3. 倒地后民警右臂控其左肘，迫使不能生理弯曲，两腿夹紧其左臂，左手掌根按压耳根活动机能神经中心；进行语言控制："不要乱动，否则后果自负！"控制的同时，重心前移，两膝盖夹紧的同时分别跪压嫌疑人颈部和背部活动机能神经中心，左手折其左手腕，准备上铐控制。

科目八　单警徒手别臂固锁控制上铐技能

适用警情：

嫌疑人被单警有效徒手别臂固锁控制。

技术要领：

1. 民警两腿加紧控嫌疑人肘部，迫使肘部不能够生理弯曲，右膝盖压控其背部活动机能神经中心，左膝控其颈部，左手折其手腕，右手取铐、持铐。

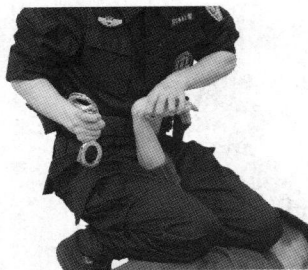

2. 民警对嫌疑人折腕控制的同时，右手挑腕上铐，折肘跪压控制。

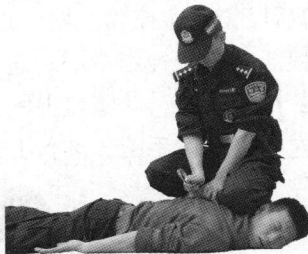

3. 民警折腕跪压控制嫌疑人左手，先进行语言控制："右手举起！"左手折指控制嫌疑人右手大拇指，跪式压腕上铐，验铐、上保险。

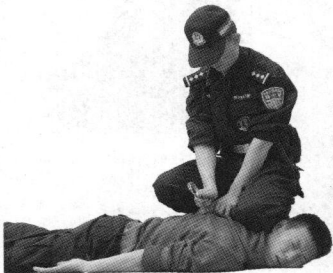

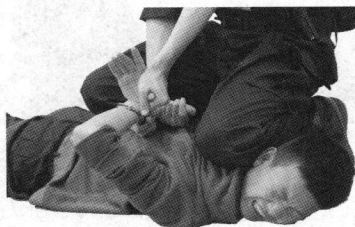

科目九　徒手别臂固锁控制技能训练

适用警情：

嫌疑人突然袭击需要保护的要员，民警在嫌疑人身前阻截，嫌疑人双手垂臂，注意力完全在第三方身上，民警阻截。

技术要领：

1. 民警右手掌根抵住嫌疑人左胸偏上（如嫌疑人攻击警察，迅速抠压锁骨活动机能神经中心），并进行语言控制："保持冷静，退后！"有效阻截嫌疑人。

警情诱导一：嫌疑人不听从，继续往前冲。

2. 民警顺势曲肘，右肘抵住嫌疑人左肩，左手护于裆部。同时进行语言控制："退后，否则武力控制！"

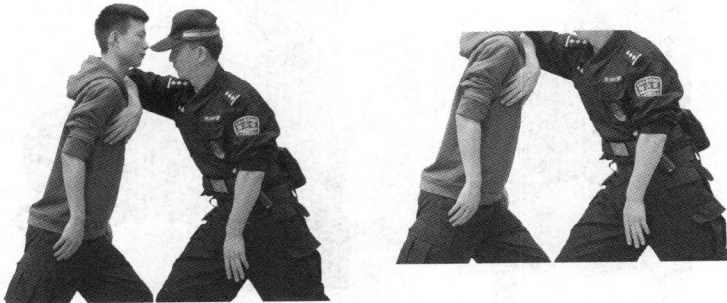

3. 民警左臂迅速从腋下穿过，大小臂夹紧回拉，迫使嫌疑人紧贴于自己的身体，撤右腿的同时，右手抠肩窝，大臂顺势斜向下压、折、控肩部，右手推嫌疑人右脸颊，合力控嫌疑人。

4. 民警左臂继续前插折压肩部同时，左手背别压嫌疑人右脸颊，右手折控嫌疑人右腕。

5. 民警撤右腿的同时，顺势下压折嫌疑人肩部，用前臂顶压其肘，迫使肘部不能生理弯曲，肩部前顶其手臂，控嫌疑人肩部，左手四指抠压其颈部神经痛点，右手按压其耳根神经痛点处。

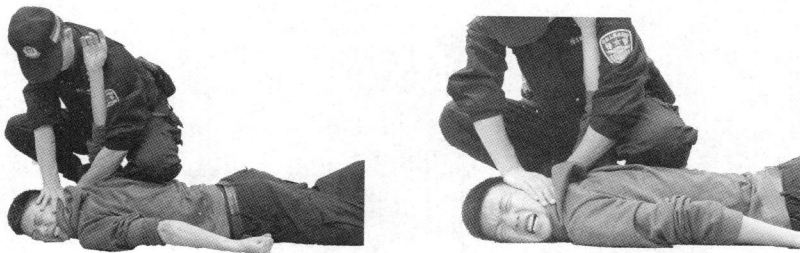

科目十 徒手别臂固锁控制上铐技能训练

适用警情：

嫌疑人左手被别臂固锁控制。

技术要领：

1. 民警用右膝跪压嫌疑人颈部，左膝跪压其左侧软肋，右手抓握其左手四指折腕，并折其肘，合力折腕锁肘控制。

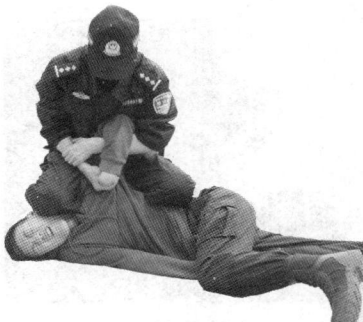

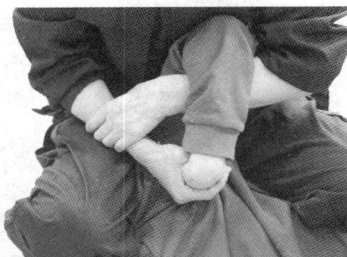

2. 民警左手抓握折嫌疑人左手中指和无名指，右手控制其肘部，下压肘的同时，左手提拉手指，顺势压肘，迫使嫌疑人俯卧，民警右腿跪颈部，左腿跪腰。

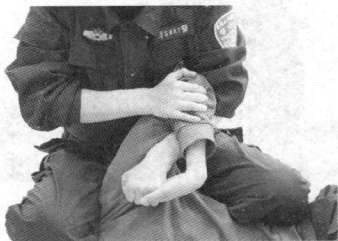

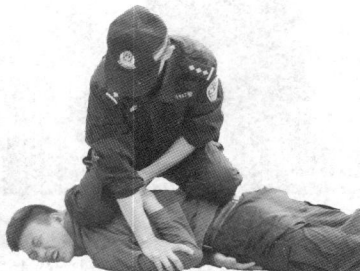

3. 警察左手控制嫌疑人右手的同时取铐。

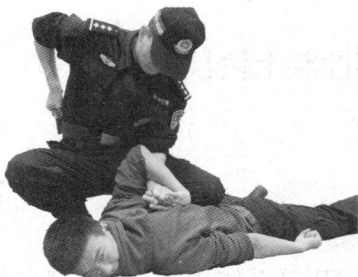

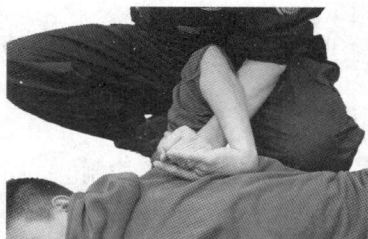

4. 民警保持控制的同时，右手挑腕上铐后折肘，用左膝跪压控制。

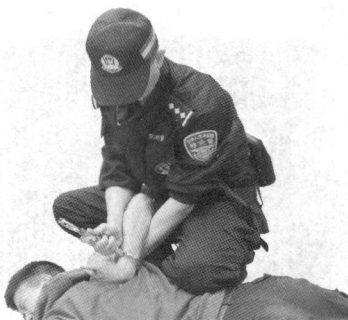

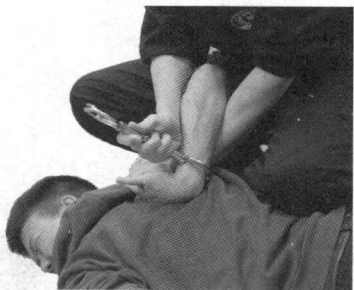

5. 民警对嫌疑人进行语言控制："举起左手！"左手折压嫌疑人拇指，压腕上铐，验铐、上保险。

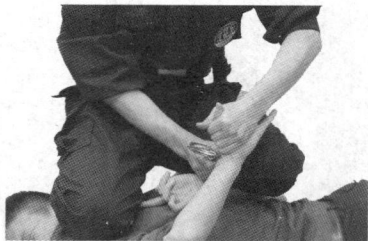

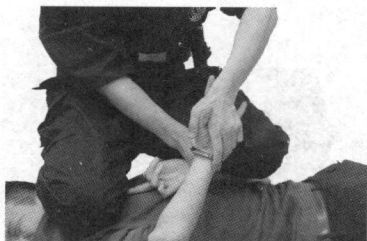

科目十一   双警徒手别臂固锁控制技战术

适用警情：

嫌疑人突然袭击需要保护的人，民警上前战术阻截。

技战术要领：

1. 民警策应战术站位，主盘民警左手掌根抵住嫌疑人左胸偏上，同时上左腿，有效阻截嫌疑人。主盘民警进行语言控制："退后，否则对你采取强制措施！"嫌疑人不服从语言控制，拼命往前闯；主盘民警顺势曲肘，左手抵住嫌疑人左肩，右手护于裆部。戒备民警的动作相反。

2. 两名民警头部位于嫌疑人头部两侧；主盘民警进行语言控制："退后！迅速退后！"上右腿的同时，右臂迅速从其腋下穿过，大小臂夹紧回拉，迫使紧贴自己的身体；戒备民警动作相反；民警把嫌疑人夹在中间。

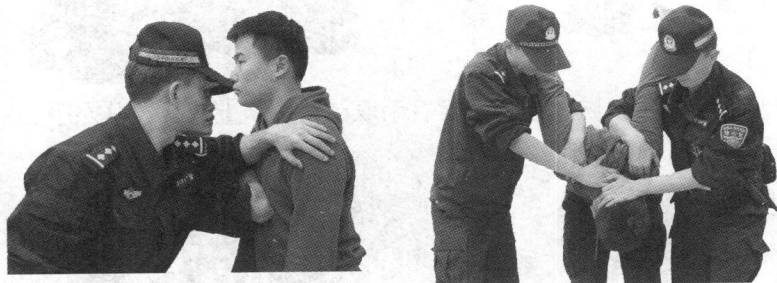

3. 主盘民警撤左腿的同时，顺势下压折肩部，用前臂后压肩部，肩部前顶合力，控嫌疑人肩部，双警同时折压肩部，用腿绊摔，迫使嫌疑人倒地。

科目十二　双警徒手别臂固锁上铐技战术

适用警情：

嫌疑人被双警徒手别臂固锁有效控制。

技战术要领：

1. 嫌疑人俯卧后，主盘民警右肩前折其左肩部，左手按压嫌疑人左耳根活动机能神经中心，戒备民警左手折控其右肩，四指抠控肩部活动机能神经中心，右手控其右肘；主盘民警右腿跪嫌疑人左肩胛骨，左腿跪颈部，两腿夹紧左臂，上提重心，左手折其左手腕。

2. 主盘民警左手折腕控制的同时右手取铐，挑腕上铐，控其左手。

3. 主盘民警铐后压腕折肘，左膝跪压颈部，右膝跪压肘部；戒备民警压腕折肘，主盘民警折指上铐右手。

科目十三　折腕控肩押解带离技战术

适用警情：

嫌疑人被别臂固锁有效控制后，仍消极对抗，不起身配合押解带离。

技战术要领：

1. 主盘民警站位于嫌疑人左手侧，降低重心折腕控肘，戒备民警位于嫌疑人右手侧，前臂插入嫌疑人右肘，折其肩，四指抠控肩部活动机能神经中心，并进行语言控制："慢慢起身，跪右膝！"同时双警提拉。

2. 再次进行语言控制嫌疑人："跪左膝！"继续提拉，嫌疑人起身后，迅速按压其后脑，折其颈押解带离。

科目十四   实战综合应用

一、分析研判——应急预案制定

执法程序	案情分析		案情判定
应急预案	预案一	语言控制有效，被告人配合	策应战术站位，体前上铐
	预案二	被告人攻击审判席	1. 距离近民警背后阻截，实施有效控制 2. 另一名民警体前阻截 3. 武力控制或警械控制 4. 视情请求警力支援
	预案三	被告人自杀、自伤	1. 距离近民警控制手或物体，阻止进一步的伤害 2. 另一名民警控制颈或腰部 3. 视情请求警力支援

二、预案实施——盘查的基本程序

1. 策应战术站位阻截。

2. 语言控制。主盘民警："你的行为已经扰乱了法庭秩序，请保持冷静！退后，否则对你采取强制措施！"

警情诱导一：嫌疑人双手垂臂，注意力完全在第三方身上，民警阻截。

3. 双警徒手别臂固锁控制。

4. 双警徒手别臂固锁控制上铐控制。

5. 语言控制。主盘民警："右腿跪起来！"

警情诱导二：嫌疑人消极抵抗，趴在地上不起。

6. 折腕控肩押解带离。

情境二　盘查警务突发警情处置

子情境三

盘查警务对服从语言控制的警情处置

任务三　对巡逻中未携带物品嫌疑人的案情盘查

案　情：冬天某日的深夜两点，两名警察对辖区巡逻，经过某小区，发现一人慌慌张张从小区侧门出来，裹着厚厚的大衣，戴着帽子，东张西望，有盗窃嫌疑。

案情诱导：嫌疑人配合盘查，通过盘查嫌疑解除。

基本知识

科目一　案件处置的法律依据

一、《中华人民共和国人民警察法》

第2条　人民警察的任务是维护国家安全，维护社会治安秩序，保护公民的人身安全、人身自由和合法财产，保护公共财产，预防、制止和惩治违法犯罪活动。

人民警察包括公安机关、国家安全机关、监狱、劳动教养管理机关的人民警察和人民法院、人民检察院的司法警察。

第 9 条　为维护社会治安秩序，公安机关的人民警察对有违法犯罪嫌疑的人员，经出示相应证件，可以当场盘问……

二、《中华人民共和国居民身份证法》

第 15 条　人民警察依法执行职务，遇有下列情形之一的，经出示执法证件，可以查验居民身份证：

（一）对有违法犯罪嫌疑的人员，需要查明身份的；

……

有前款所列情形之一，拒绝人民警察查验居民身份证的，依照有关法律规定，分别不同情形，采取措施予以处理。

三、《公安机关适用继续盘问规定》

第 2 条　本规定所称继续盘问，是指公安机关的人民警察为了维护社会治安秩序，对有违法犯罪嫌疑的人员当场盘问、检查后，发现具有法定情形而将其带至公安机关继续进行盘问的措施。

第 5 条　继续盘问工作由人民警察执行。严禁不具有人民警察身份的人员从事有关继续盘问的执法工作。

第 7 条　为维护社会治安秩序，公安机关的人民警察对有违法犯罪嫌疑的人员，经表明执法身份后，可以当场盘问、检查。

未穿着制式服装的人民警察在当场盘问、检查前，必须出示执法证件表明人民警察身份。

第 9 条　对具有下列情形之一的人员，不得适用继续盘问：

……

（二）经过当场盘问、检查，已经排除违反治安管理和犯罪嫌疑的；

……

四、《城市人民警察巡逻规定》

第 4 条　人民警察在巡逻执勤中履行以下职责：

（一）维护警区内的治安秩序；

（二）预防和制止违反治安管理的行为；

（三）预防和制止犯罪行为；

……
（十六）执行法律、法规规定由人民警察执行的其他任务。
第 5 条　人民警察在巡逻执勤中依法行使以下权力：
（一）盘查有违法犯罪嫌疑人的人员，检查涉嫌车辆、物品；
（二）查验居民身份证；
……

科目二　盘查

一、盘查的概念

盘查，指人民警察在执行勤务过程中，为维护公共安全，预防、发现、控制违法犯罪活动，对可能具有违法或犯罪的嫌疑人（罪犯）进行盘问，对其携带物品、驾乘机动车辆进行检查，以发现或确认其是否有违法、犯罪行为或具有重大犯罪嫌疑的警务活动。

二、盘查的特点

1. 盘查行动具有较强的针对性和目的性；
2. 盘查对象的身份和行为具有不明确性；
3. 嫌疑人的反抗行为具有突然性和不确定性；
4. 盘查具有要与缉捕相结合的特点。

三、盘查的原则

理性、平和、文明、规范，因情施策，确保安全。

四、盘查注意的问题

（一）保持相对优势
人数优势、警械武器优势、技能优势、方法方式等战术优势、站位配合优势、群众优势等。
（二）控制盘查现场
1. 对自身的语言控制（语气、方式等）；

2. 对嫌疑人的语言控制（法律的告知、语言的威慑等）；

3. 对嫌疑人的行为控制；

4. 对嫌疑人的肢体控制；

5. 对嫌疑人警械或武器的控制；

6. 对现场周边环境的控制。

五、盘查的基本程序

（一）确定盘查对象

1. 观察与确定。观察与确定是一种有目的的，比较系统感知事物的过程。认真、细致、全面的观察是发现可疑或犯罪嫌疑人的前提，是确认盘查对象与已获知情况是否一致的首要条件。

2. 确定盘查对象的途径。执行任务中，需要民警在现场进行观察和判断，主要通过以下四种途径来确定盘查对象：

第一，群众举报或群众直接指认的人员；

第二，110 报警台，指挥中心发出指令、通报所描述的人员；

第三，通缉、协查通报和公安网上追逃信息描述的人员；

第四，巡逻中发现具有异常情况以及正在实施违法犯罪活动的人员。

3. 观察的主要内容。

第一，身份可疑的人。如身份证与本人不符的；穿着不合时令的；穿着与气质不相符的；语言、行为举止、携带物品相互矛盾的。

第二，行为可疑的人。如有异常表情或异常行为、在人群中溜进溜出的；无所事事却在居民区、商场或者银行等地窥测的；逼近妇女、儿童并与之同行的；等等。

第三，体貌和面部表情可疑的人。体貌与被通缉罪犯或犯罪嫌疑人相似的；面带疲倦或惊慌恐惧之状的；身负可疑外伤或身染血迹的。

第四，携带可疑物品的人。携带物品类似作案工具的；携带大量现金的；携带包裹遮遮掩掩怕动怕碰的；携带物品类似毒品的。

第五，带有明显犯罪迹象。身负可疑外伤的；身上有血迹或污痕的；衣服被撕扯或破损严重的人；自行车、摩托车、汽车的车锁有撬痕或车窗玻璃、车门损坏的。

第六，其他异常的可疑者。包括男女同行女方异常的；大人、小孩同行，不允许小孩说话或小孩有泪痕、表情惊恐、欲求搭救的；衣着不伦不类或衣着与行为反常的；等等。

（二）形势评估

针对不同警情，依据对方、我方、装备等客观因素，综合分析研判确定下一步战术。

（三）盘查地点选择

1. 宜明不宜暗。选择光线明亮之处，便于看清盘查对象身体形态、面部表情、携带物品及各种威胁行为。

2. 宜宽不宜窄。选择视野较为开阔，活动余地较大之处，便于观察周围情况，便于发现被盘查可疑人员同伙。在盘查中发现其为犯罪分子或重大犯罪嫌疑人时，也便于对目标实施缉捕。

3. 宜静不宜闹。尽可能选择人员流动少的僻静之处，避免盘查时人群围观，尽量缩小影响面，也便于盘查人员问得清、听得明、判断准、处置得当。如果盘查对象突然逃窜或袭警，盘查人员也便于采取防卫和缉捕措施。

4. 宜简不宜繁。选择地形地物简单、平直、少弯，周围无复杂建筑物，无丛林，无高秆作物及高苗地之处。既便于控制盘查对象，又可防止其在逃窜反抗之时脱逃。

5. 宜近不宜远。盘查地点尽可能选在距公安局、派出所、治安岗亭、企事业单位门卫室、保卫科距离较近之处，既便于就近实施盘查工作，也便于就近取得支援。

（四）接近

根据研判选择合适的靠近嫌疑人的方式，主要有尾随跟踪接近、迂回接近、正面堵截接近三种方式。

（五）截停

截停指民警在适当时机、适宜地点并保持适当距离的情况下示意盘查对象停留下来的环节。主要有以口头命令方式、警械武器威慑方式截停、缉捕方式截停三种方式。

（六）战术站位控制

站位是指民警实施盘查时与盘查对象所处的位置。通过合理的站位，既能防止被盘查对象的突然袭击，又便于对其进行控制。

站位控制是通过站位防止盘查对象逃跑、自伤或袭警，达到实施盘查的目的。在警察执行警务活动时，正确使用站位控制方法，对于有效控制、抓捕违法犯罪嫌疑人，保障民警自身安全起到至关重要的作用，主要分为基本警戒姿势和基本站位姿势。

（七）告知

当确定盘查嫌疑人后，民警立刻向嫌疑人接近，在距其 2~5 米左右时，主盘民警戒备并示意其停下，然后向其敬礼（出示有效证件），并告知其盘查的理由、权力和相关法律：

例如："我们是××派出所警察，现依据《人民警察法》第 9 条之规定对你进行盘查，请予以配合。"

（八）人物分离

在盘查携带包、箱的嫌疑人时应先人与物分离，再进行盘问和检查，防止在盘查过程中，嫌疑人从包裹内掏取凶器抵抗。

（九）盘问

盘问是指民警通过对被盘查对象的情况进行询问发现或排除疑点的过程。在实际盘查活动中，可以借鉴和运用"十看十对"的方法：

看证件对姓名、看面貌对年龄。

看举止对职业、看原籍对口音。

看言行对学历、看衣着对身份。

看物品对来由、看同伴对关系。

看去向对方位、看神情对心态。

（十）检查

检查是指民警通过对盘查对象的证件、人身、行李物品及其所处环境、地点的检查以发现犯罪线索、获取犯罪证据、查明案情、缉捕犯罪嫌疑人的警务活动。检查主要包括证件检查、人身检查、物品检查。

1. 证件检查。证件检查是对可疑人员能够证明身份证件依法进行盘问、检查的警务活动，在盘查证件时遵守下列规定：

（1）查验证件防伪暗记和标识，判定证件的真伪；

（2）查验证件内容，进行人、证对照；

（3）注意被盘查人的反应，视具体情况让持证人自述证件内容，边问边查；

（4）通过身份证识别仪器或者公安信息系统进行核对；

（5）检查证件时切忌低头，应举起证件目视嫌疑人盘问，时刻注意其反应。

2．物品检查。物品检查是指民警依法对嫌疑人进行盘问和检查的过程中，对嫌疑人所携带的行李、包裹等进行检查，以发现犯罪线索、获取犯罪证据、查明案情、缉捕犯罪嫌疑人的警务活动。

3．人身检查。人身检查是针对可能携带、藏匿危险物品和犯罪证据的可疑人员依法进行搜索、检查的行动过程。

（十一）盘查后工作

1．对经过盘查解除怀疑的，应当立即归还证件、物品，礼貌予以放行，并做好解释工作："谢谢您的合作"，"很抱歉，耽误了您的时间"。

2．对经过盘查不能解除其犯罪嫌疑的，但证据又不充分，执勤民警应当采取一定的安全措施将其带回公安机关，按法定程序继续留置盘问。

3．查获违法犯罪分子或者重大嫌疑人，应立即抓捕并进一步搜身，同时将其凶器、赃物等证据一并移交有关部门。

4．醉酒人或精神病人，则应及时通知其工作单位或家属来领人，但不允许放任不理。

5．将盘查情况及时向上级领导报告。

科目三　伸缩警棍

伸缩警棍依法应用注意事项：

1．使用警棍时应根据警情构成威胁的武力控制层次，依法、合理使用伸缩警棍，避免暴力执法。

2．使用警棍击打时，要避免多次击打，以免激怒对方，造成对抗升级。

3．一般警情下，击打对方四肢肌肉神经群，使对方因疼痛难忍而暂时丧失抵抗能力，目的达到后，立即停止击打。

4．在击打对方，使对方暂时丧失活动能力后，应立即采取动作进行控制。

5．爱护警械，多清洁保养，勤擦拭，避免用力过度打击硬物，造成弯曲无法回收使用。

科目一 接近技战术

适用警情：

依据不同警情，采取相对应武力级别的技战术接近。

技战术要领：

1. 尾随跟踪接近。盘查条件不成熟，不利于立即实施盘查行动的，不要贸然接近，以免过早暴露行动意图，应当隐蔽跟踪监视，报告情况，请求增援，寻找、创造实施盘查的最佳时机。

2. 迂回接近。当正面接近盘查对象的时机不成熟时，首先要消除对方的戒备心理，采取迂回跟踪的方法，选择成熟的时机和适当的地点，突然接近实施盘问。

3. 正面堵截接近。民警直接从盘查对象的正面采用不同戒备姿势截停并实施盘查。

科目二　截停技能

适用警情：

盘查地点确定后，对嫌疑人采取截停控制。

技术要领：

第一步：确定嫌疑人；

第二步：距离嫌疑人2～3米处，根据不同武力级别发出截停口令"同志请等一下""请站住""站住"；

第三步：截停，同时迅速戒备姿势战术站位。

同志，你好！我们是XX公安局XX派出所民警，根据《人民警察法》第9条的规定依法对你进行盘查，请你配合！

站住！现依法对你盘查。

科目三　战术站位控制技战术

战术站位控制是实施盘查警务时民警之间、民警与嫌疑人之间所处的位置关系。主要包括单警一对一站位形式和多警小组站位形式。

技战术要领：

一、单警一对一站位形式

民警距盘查对象 1.5～2 米；侧身站立于嫌疑人左手侧；眼睛注视对方上部身体，特别是双手、肩部和眼睛。并进行语言控制："左手取身份证，左手慢慢递过来！"

你逆向行驶，违反了相关法律法规，现依法对你盘查，请配合！

二、多警小组站位形式

（一）策应站位

盘问民警戒备站位在盘查对象左前侧 1.5～2 米处，戒备民警戒备站位其右前侧 2～3 米处，两名民警与盘查对象形成 90 度的夹角，便于相互策应。

策应站位通常在盘查对象背靠建筑物或其他阻挡其退路的障碍物时使用。

> 现依法对你进行人身检查，请予以配合。

（二）三角站位

三名民警成等边三角形戒备站立，将盘查对象控制在中间，与其形成的距离 1.5～2 米。

三角站位一般在比较空旷的地带盘查时使用。盘查时，盘查民警位于被盘查对象前方，另两名民警在被盘查对象身后两侧进行警戒。

（三）半弧形站位

3 名民警面向盘查对象以半弧形戒备站立，与其距离 1.5～2 米。

半弧形站位通常在被盘查对象背靠建筑物或者有其他阻挡其退路的障碍物时使用。

（四）前后站位

负责盘问的民警侧身站位盘查对象左侧前方，负责戒备的民警在盘查对象右侧后方，两名民警距离盘查对象 1.5~2 米的距离，并形成 135 度的夹角。在没有依托的情况下，可以有效地控制盘查对象。

前后夹击站位适合于在狭窄街道、胡同等地形时使用。

三、实训中应着重把握的问题

1. 安全距离要合理；
2. 民警沟通要默契；
3. 警力优势要突出；
4. 站位转换要及时。

科目四　盘问与证件检查技战术

适用警情：

嫌疑人服从民警控制，实施战术盘问。

技战术要领：

主盘民警：姓名。

嫌疑人：某某。

主盘民警：身份证号是多少？

嫌疑人：3705XXXX。

主盘民警：你来这里干什么？

嫌疑人：过来探亲，因为火车晚点，所以晚了，在找亲戚的小区。

主盘民警：请出示能够证明你身份的有效证件，用你的左手将证件慢慢取出。

动作要领：令嫌疑人掏出证件，密切观察嫌疑人。

主盘民警：接证件，进行人证对比盘问查验。

动作要领：主盘民警戒备移动，戒备民警戒备，主盘民警拉开有效实战距离用左手接证件，然后后退至安全距离，眼睛始终注视着嫌疑人，查验证件时，将证件举约同肩高，使证件与嫌疑人同处于视野范围内。

科目五   伸缩警棍复习巩固

1. 领棍。
2. 佩带。

本案例采用棍头朝下放置在弱手侧位

3. 取棍、隐藏式戒备。

（1）取棍。目视嫌疑人，用强手打开警棍套，小拇指、中指、无名指为主要用力手指迅速握在警棍棍柄上 2/3 处（距离警棍末端约 2～3 手指宽度的位置）。

（2）腹前隐藏持棍戒备。民警侧身站立，膝关节微曲，不开棍，双手握住警棍，将警棍置于腹前腰带处（强手在下，弱手在上），用手臂遮盖警棍，使警棍隐蔽。

（3）上开棍戒备。保持戒备的基础上，民警上升棍，双眼目视嫌疑人，并语言控制。

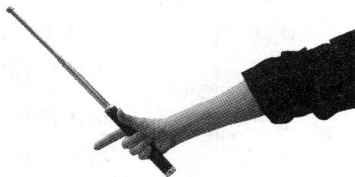

科目六　实战综合应用

一、分析研判——应急预案制定

执法程序	案情分析	案情判定
确定盘查对象	冬天，深夜两点出现在马路上而且行为、表情、举止异常	确定盘查对象

续表

执法程序	案情分析			案情判定
形势评估	基本情况	嫌疑人从侧门出来,侧门面向西,为容一个人出入的临时门		盘查地点不易靠近小门
		侧门正对马路,马路为南北方向		利用小区围墙,采用策应站位控制,杜绝嫌疑人往马路方向逃跑的可能
		马路两边有绿化带,绿化带内有低灌木丛,也有树高超过2米的大口径树		作为特殊警情掩体
	分析研判	嫌疑人	人数不确定而且未发现有明显凶器	采取尾随跟踪接近,进一步查探警情
		民警	双警,携带单警装备	有警力优势
		环境	冬天深夜两点,人员、车辆稀少	适合战术实施
			小区内的地形环境不了解	杜绝嫌疑人逃入小区
预案	预案一	嫌疑人配合		实施盘查
	预案二	嫌疑人不配合并有高级别危险物品		民警战术撤退,主盘民警持催泪喷射器,戒备民警持高于嫌疑人武力级别警械或武器,利用树木做掩体进行高级别武力压制
	预案三	嫌疑人不利于即刻实施控制		民警迅速战术靠拢往北迂回撤退,并请求警力增援

二、预案实施

1. 尾随跟踪接近,戒备民警取伸缩警棍。

2. 策应战术站位截停控制。

3. 告知。

　　戒备民警隐藏式持棍戒备站位，主盘民警敬礼并告知"同志，你好！我们是XX公安局XX派出所民警，根据《人民警察法》第 9 条的规定依法对你进行盘查，请你配合！"

　　警情诱导：嫌疑人服从民警语言控制。

　　4. 盘问、检查证件。

　　5. 嫌疑排除、礼貌放行。民警敬礼："感谢您的配合。"

子情境四

盘查警务对战术接近中不服从语言控制警情处置

任务四　民警对被举报、携带物品嫌疑人的案情盘查

　　案　情：某周一早晨八点，接群众举报，一妇女在公交车上手机被偷了，她认为的嫌疑人不承认，双方在车上大吵，并找司机理论，迫使公交车不能运行，停在公交站。

　　案情诱导：盘查时，嫌疑人不配合。进一步盘查，人身搜查时，搜到了匕首和说不清来历的手机。

基本知识

科目一　案件处置的法律依据

一、《中华人民共和国人民警察法》

　　第2条（参考任务三）

　　第7条　公安机关的人民警察对违反治安管理或者其他公安行政管理法律、法规的个人或者组织，依法可以实施行政强制措施、行政处罚。

　　第9条　为维护社会治安秩序，公安机关的人民警察对有违法犯罪嫌疑的人员，经出示相应证件，可以当场盘问、检查；经盘问、检查，有下列情形之一的，可以将其带至公安机关，经该公安机关批准，对其继续盘问：

　　（一）被指控有犯罪行为的；

　　（二）有现场作案嫌疑的；

　　对被盘问人的留置时间自带至公安机关之时起不超过24小时，在特殊情况下，经县级以上公安机关批准，可以延长至48小时，并应当留有盘问记录。对于批准继续盘问的，应当立即通知其家属或者其所在单位。对于不批准继续盘问

的，应当立即释放被盘问人。

经继续盘问，公安机关认为对被盘问人需要依法采取拘留或者其他强制措施的，应当在前款规定的期间作出决定；在前款规定的期间不能作出上述决定的，应当立即释放被盘问人。

第 11 条　为制止严重违法犯罪活动的需要，公安机关的人民警察依照国家有关规定可以使用警械。

二、《中华人民共和国居民身份证法》

第 15 条　人民警察依法执行职务，遇有下列情形之一的，经出示执法证件，可以查验居民身份证：

（一）对有违法犯罪嫌疑的人员，需要查明身份的；

······

（五）法律规定需要查明身份的其他情形。

有前款所列情形之一，拒绝人民警察查验居民身份证的，依照有关法律规定，分别不同情形，采取措施予以处理。

······

三、《公安机关适用继续盘问规定》

第 2、5、7 条（参考任务三）

第 8 条　对有违法犯罪嫌疑的人员当场盘问、检查后，不能排除违法犯罪嫌疑，且有下列情形之一的，人民警察可以将其带至公安机关继续盘问：

······

（一）被害人、证人控告或者指认其有犯罪行为的；

······

第 11 条　继续盘问的时限一般为 12 小时；对在 12 小时以内确实难以证实或者排除其违法犯罪嫌疑的，可以延长至 24 小时；对不讲真实姓名、住址、身份，且在 24 小时以内仍不能证实或者排除其违法犯罪嫌疑的，可以延长至 48 小时。

前款规定的时限自有违法犯罪嫌疑的人员被带至公安机关之时起，至被盘问人可以自由离开公安机关之时或者被决定刑事拘留、逮捕、行政拘留、收容教育、强制戒毒而移交有关监管场所执行之时止，包括呈报和审批继续盘问、延长继续盘问时限、处理决定的时间。

四、《城市人民警察巡逻规定》

第4条　人民警察在巡逻执勤中履行以下职责：

第1、2、3项（参考任务三）

……

（九）接受公民报警；

……

（十六）执行法律、法规规定由人民警察执行的其他任务。

第5条第1、2项（参考任务三）

五、《人民警察使用警械和武器条例》

《中华人民共和国人民警察使用警械和武器条例》是《人民警察法》的配套法规之一，是人民警察履行职责、行使职权的重要法律保障。《条例》对检察系统的司法警察和按规定配带枪支的其他干警也完全适用。

第2条　人民警察制止违法犯罪行为，可以采取强制手段；根据需要，可以依照本条例的规定使用警械；使用警械不能制止，或者不使用武器制止，可能发生严重危害后果的，可以依照本条例的规定使用武器。

第3条　本条例所称警械，是指人民警察按照规定装备的警棍、催泪弹、高压水枪、特种防暴枪、手铐、脚镣、警绳等警用器械；所称武器，是指人民警察按照规定装备的枪支、弹药等致命性警用武器。

第4条　人民警察使用警械和武器，应当以制止违法犯罪行为，尽量减少人员伤亡、财产损失为原则。

第6条　人民警察使用警械和武器前，应当命令在场无关人员躲避；在场无关人员应当服从人民警察的命令，避免受到伤害或者其他损失。

第8条　人民警察依法执行下列任务，遇有违法犯罪分子可能脱逃、行凶、自杀、自伤或者有其他危险行为的，可以使用手铐、脚镣、警绳等约束性警械：

（一）抓获违法犯罪分子或者犯罪重大嫌疑人的；

（二）执行逮捕、拘留、看押、押解、审讯、拘传、强制传唤的；

（三）法律、行政法规规定可以使用警械的其他情形。

人民警察依照前款规定使用警械，不得故意造成人身伤害。

六、《公安机关人民警察现场制止违法犯罪行为操作规程》

第5条 公安民警制止违法犯罪行为过程中，应当对违法犯罪行为的危险性、可能还有未被发现的违法犯罪行为人等情况保持警惕，防止、减少自身伤亡。

第11条 公安民警采取处置措施制止违法犯罪行为后，对可能脱逃、行凶、自杀、自伤或者有其他危险行为的违法犯罪行为人，可以使用手铐、警绳等约束性警械将其约束，并及时收缴其所持凶器。

第27条 公安民警制服违法犯罪行为人后，应当立即使用手铐、警绳等约束性警械将其约束。对受伤的违法犯罪行为人，应当及时采取适当措施救治。

七、《治安管理处罚法》

第50条 有下列行为之一的，处警告或者200元以下罚款；情节严重的，处5日以上10日以下拘留，可以并处600元以下罚款：

……

（二）阻碍国家机关工作人员依法执行职务的；

……

阻碍人民警察依法执行职务的，从重处罚。

第87条 公安机关对于违反治安管理行为有关的场所、物品、人身可以进行检查。检查时，人民警察不得少于二人，并应当出示工作证件和县级以上人民政府公安机关开具的检查证明文件。对确有必要立即进行检查的，人民警察经出示工作证件，可以当场检查，但检查公民住所应当出示县级以上人民政府公安机关开具的检查证明文件。

检查妇女的身体，应当由女性工作人员进行。

科目二　物品检查

一、物品检查的概念

物品检查，是指民警依法对嫌疑人进行盘问和检查的过程中，对嫌疑人所携带的行李、包裹等进行检查，以发现犯罪线索、获取犯罪证据、查明案情、缉捕犯罪嫌疑人的警务活动。

二、物品检查操作要求

1. 查验物品时，应与盘问同时进行，边查边问。不能让被盘查人自己打开包箱，如果必须让其自己开包、开箱，打开时也必须有民警在旁边监视，打开后应让被盘查人离开包箱一定距离，等待查验结果。

对于事先有可靠情报的物品查验，应准备查验工具或仪器。待拦截特定人、车之后，截下物品，拆开查验，获取证据。

2. 轻开、慢拉，谨慎开启，防止内有爆炸物。开启箱包之前，仔细观察，确定开启的方式。先轻轻挪动一下拉链、纽扣，看是否方法正确，以防将其损坏；同时，要注意拉链、纽扣上是否有机关，防止箱包内有爆炸装置。

3. 从上往下，轻拿轻放，顺序查验。对箱包内物品要用干净的布、塑料袋或者戴手套拿取，轻拿、轻放，不能掏底取物，更不能反复翻动。对有声、有味的物品，应当谨慎拿取，对赃物、凶器，不要大把抓，防止破坏痕迹。

4. 发现毒害性、爆炸性、腐蚀性、放射性或者传染性病原体等危险物质时，应当立即组织疏散现场人员，设置隔离带，封锁现场，及时报告，由专业人员进行排除。

5. 对于需没收或者扣押的各类违禁物品，应当会同在场见证人和被扣押物品持有人查点清楚，当场开列清单，及时上交有关部门。

6. 对可疑人员物品的检查主体必须是民警，这是法律赋予民警的权力。

7. 对涉及宗教及风俗的物品进行检查时，要小心慎重。

8. 查验女性的箱包时，尽量不要将所有物品取出或摊开，注意保护个人隐私。

科目三　危险物品

一、危险物品种类

具有爆炸性、易燃性、毒害性、腐蚀性、放射性等性质，在生产、运输、使用、储存和回收过程中易造成人员伤亡和财产损毁、需要特别防护的，都属于危险物品。

（一）爆炸物

爆炸物泛指能够引起爆炸现象的物质。例如炸药、雷管、黑火药等。粉尘、可燃气体、燃油、锯末等在特定条件下引起爆炸的物质，广义上也属于爆炸物。

（二）汽油、天然气

汽油为油品的一大类，无色至淡黄色的易流动液体，空气中含量为 74～123 克/立方米时，遇火爆炸。

天然气是一种多组分的混合气体，若空气中浓度为 5%～15% 的范围内，遇明火即可发生爆炸，这个浓度范围即为天然气的爆炸极限。爆炸在瞬间产生高压、高温，其破坏力和危险性都是很大的。

（三）液体易燃物

液体炸药、有害液体物质、硝基甲烷、硫酸、汽油、天拿水、丙酮、甲苯、煤油、汽油等可燃物。

（四）固体易燃物、过氧化物

固体易燃物系指燃点低，对热、撞击、摩擦敏感，易被外部火源点燃，燃烧迅速，并可能散发出有毒烟雾或有毒气体的固体。

过氧化物系指分子组成中含有过氧基的有机物，其本身易燃易爆，极易分解，对热、震动或摩擦极为敏感。

（五）腐蚀性物质

腐蚀性物质是指能灼伤人体组织并对金属等物品造成损坏的固体或液体。与皮肤接触在 4 小时内出现可见坏死现象。

（六）剧毒化学品

剧毒化学品是指有剧毒的化学品。通常此类化学品根据《危险化学品安全管理条例》受到公安部门管制。如氰化钾、三氯化磷、氰化钠、五氧化二钒等。此类化学品进入肌体后，累积达一定的量，能与体液和器官组织发生生物化学作用或生物物理学作用，扰乱或破坏肌体的正常生理功能，引起某些器官和系统暂时性或持久性的病理改变，甚至危及生命。

（七）放射性物质

放射性物质是指放射性比活度大于 7.4×10^4 贝可每千克的物品。主要来源于工业及医疗废料。

二、对人体的伤害途径

对人体的伤害途径主要包括直接吸入、身体吸收、皮肤污染。

三、现场处置措施

1. 辨别化学品种类；
2. 撤离、封控现场，疏散至上风口；
3. 堵截一切火源，不开灯，不动电器，关阀断气；
4. 加强自我防护。

四、物品检查特殊情况处理

1. 对疑似爆炸物、化工原料等具有挥发性的物品，通过扇、闻等方法，判断物品的性质。

2. 对可疑液体及粉末状、结晶状的物品，可取少许用纸包裹，然后用火点燃纸张，根据物品燃烧程度、状态等，判断其是否属于易燃易爆物品。

3. 对电子设备，通过开启关闭的方法检查其是否正常，防止其被改装为爆炸物。

4. 对通过上述方法，仍不能确定是否安全的物品一律不得带入。

科目四　人身检查

一、检查

检查，是指民警通过对盘查对象的证件、人身和物品的查验以发现犯罪线索、获取犯罪证据、查明案情、缉捕犯罪嫌疑人的警务活动。

二、人身检查

人身检查，也称为搜身，是指通过盘问和证件检查后，对违法犯罪嫌疑人的嫌疑不能排除或者嫌疑得到确认后，依法对盘查对象的人身实施检查，进一步确定或排除其违法犯罪嫌疑的一种强制手段。主要是针对可能携带、藏匿危险物品和犯罪证据的可疑人员依法进行检查的行动过程。

人身检查主要包括站立式无依托人身检查、站立式有依托人身检查、戴铐人身检查、俯卧式人身检查等方式。

三、人身检查的目的

1. 确认或排除违法犯罪嫌疑；
2. 及时清除收缴凶器等危险物品；
3. 防止违法犯罪嫌疑人行凶，自伤自残；
4. 防止违法犯罪嫌疑人继续违法犯罪；
5. 及时发现收集违法犯罪的痕迹物证。

四、人身检查的要求

1. 盘查对象已经被安全控制并失去反抗能力，在警戒人员的掩护下保持高度警惕对其进行检查，防止自身受到攻击和伤害。

2. 民警分工明确，负责警戒的民警不仅对盘查对象要加强戒备，对周边环境也要高度警戒。

3. 检查认真彻底，先搜双手、腰部、腋下，然后按照先上后下、先外后内、由右至左的顺序搜查，特别注意腋下、腰部、裆部及双腿内侧等可能藏匿凶器或者武器的部位。

4. 对无理由拒绝接受检查的嫌疑人检查时，民警可依法将其带回公安机关继续盘问。

5. 对可能携带凶器、武器或者爆炸物品的嫌疑人检查时，应当先检查其有无凶器、武器和爆炸物品。如有，当场予以扣押，必要时可以先依法使用约束性警械，然后进行检查。

6. 对女性的人身检查，由女民警进行。可能危及民警人身安全或者直接危害公共安全的除外。

7. 当盘查对象有异常举动时，民警应当及时发出警告，命令其停止动作并做好自身防范，可以依法视情况使用警棍、催泪喷雾器及武器等予以制止。

五、人身检查的基本方法

1. 抚摸，手掌贴在嫌疑人身上缓慢移动，仔细感受是否有异状物。
2. 挤压，手掌用力按压，同时对突起部位用手指抓捏。
3. 翻撩，将宽大衣物翻开，将口袋外翻。

六、人身检查的部位

帽子、衣领、首饰、手心、指缝、腋下、腰间、皮带内侧、口袋暗兜、小腿部、鞋底、鞋垫、袜子等。

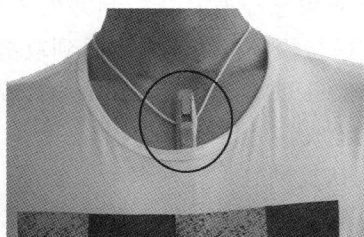

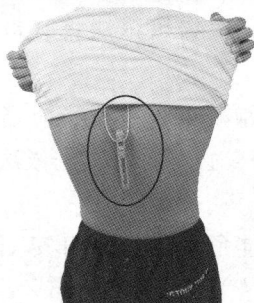

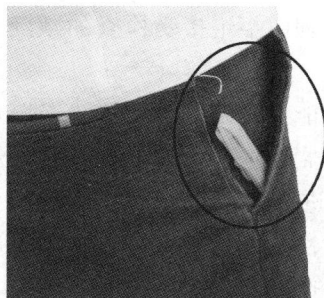

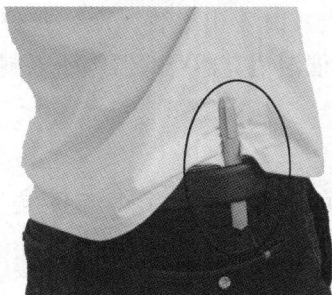

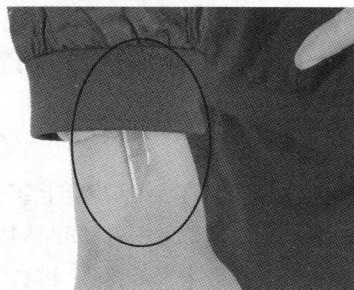

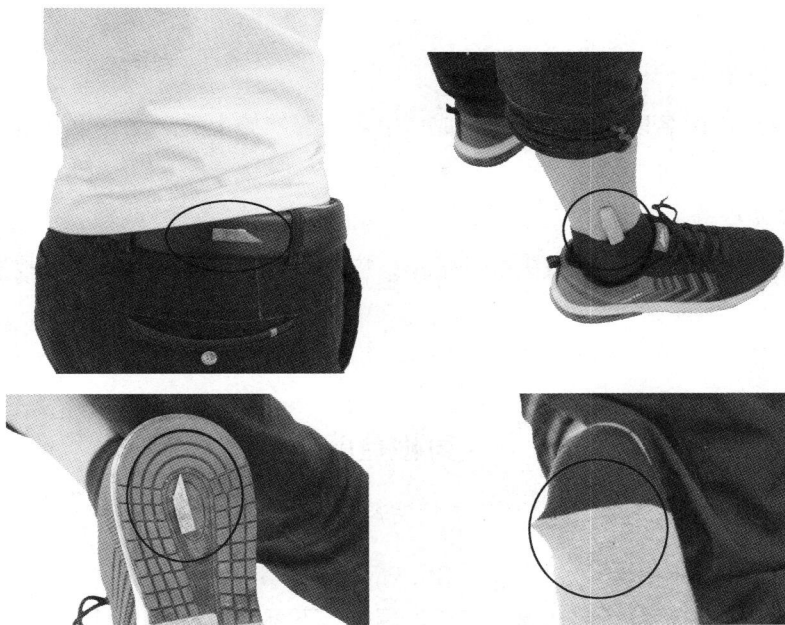

科目五　背手上铐技战术应用

一、适用对象

背手上铐主要适用于能够服从警察命令、反抗意识不明显、威胁程度较大但还没有达到俯卧上铐武力级别的警情（通常一般警情采用背手上铐，稍有安全威胁采用俯卧上铐）。

二、基本要求

（一）有效控制，合理站位

背手上铐应在嫌疑人被警察有效控制的前提下实施。同时，警察应采取合理的站位，保障自身安全。

（二）保持距离，提高防范

距离是安全的第一要素，上铐过程中应始终与嫌疑人保持安全距离，提高安全防范意识。

（三）明确分工，密切配合

背手上铐应由两名以上民警配合完成，一名民警实施上铐，另一名民警负责警戒。

（四）沉着冷静，随机应变

实战过程中如果出现失误或失控的情形，应迅速做出反应，将嫌疑人控制。

警务技战术实战训练

科目一　人身检查的手法

适用警情：

嫌疑人被有效控制。

人身检查手法主要包括：抚摸、挤压、翻撩，不可轻拍轻摸。

技术要领：

1. 抚摸。

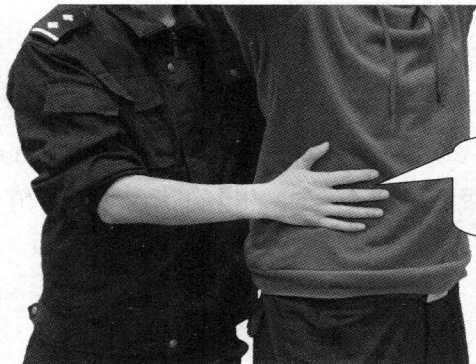

手掌贴在嫌疑人衣服上缓慢移动，用掌心感觉是否有异状物。

2. 挤压。

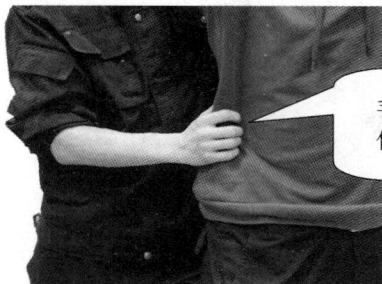

手掌用力按压，突起部位用手指抓捏。

3. 翻撩。

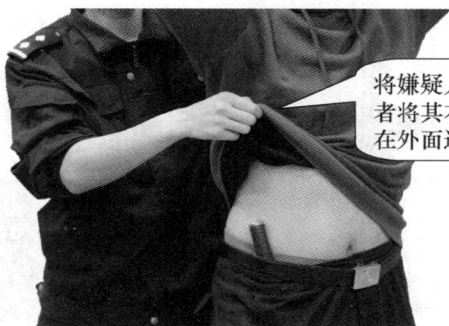

将嫌疑人衣服翻撩开，或者将其衣裤口袋翻开，露在外面进行检查。

科目二　立姿无依托人身检查技战术

适用警情：

嫌疑人被有效控制并且潜在危险较低。

技战术要领：

1. 有效截停后的战术站位（以策应站位为例）。主盘民警搭枪戒备，戒备民警隐藏式持棍戒备。

现依法对你进行人身检查，请予以配合。

2. 主盘民警语言控制，例：双手慢慢举起，十指分开，慢慢向后转身，两脚分开，脚尖向外，头向左转，双手十指交叉，放于脑后，掌心向后。

3. 接近。主盘民警两眼目视嫌疑人，提手戒备由嫌疑人右侧后方战术接近；战术接近后，左肘抵其两肩胛骨活动神经机能中心，左手折其大拇指，右手控其右肘，左脚内侧贴靠其右脚内侧，勾住其右脚，左膝顶其右小腿腘部。

4. 检查。

（1）主盘民警进行语言控制："不要乱动，否则后果自负！"左手抓握嫌疑人小指交叉处后拉，迫使嫌疑人身体重心后移，先对其腰部、腋下等重点部位进行检查，而后按由上向下、先外后内的顺序，对其身体右侧进行检查。

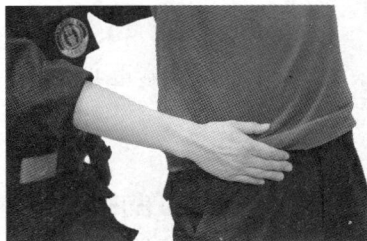

（2）右侧搜身完毕，语言警告后，先换手再换脚交换控制，主盘民警先用手势示意警戒警察战术站位到盘查对象身体右后方的警戒位置。

（3）主盘民警命令盘查对象头向右转，然后左脚向左跨一步，用右脚内侧贴靠盘查对象左脚内侧，右膝顶其左腘部，用右手控制其左肘，右肘抵其左肩背部，语言控制。

（4）右手抓握嫌疑人小指交叉处后拉，迫使嫌疑人身体重心后移。对其身体左侧进行检查，顺序同右侧。

5. 注意事项。

（1）立姿无依托人身检查控制力较弱，只用于武力威胁程度较低的嫌疑人。

（2）迫使嫌疑人身体重心后移，但不可将重心依靠民警身上。

（3）遇到突发事件时，可及时后拉或前推嫌疑人，战术保持安全距离，再行处置。

科目三　物品检查技战术

适用警情：

嫌疑人服从语言控制。

技战术要领：

1. 有效截停后的战术站位（以策应战术站位为例）。主盘民警语言控制。

> 依法对你的物品进行检查，请配合！

2. 人与物分离，控制物品。对嫌疑人的物品进行检查前，命令盘查对象将箱包放在指定位置，令其离开一段距离，警察战术移动控制。

> 将包慢慢放在脚前方，慢慢后退，停！

3 盘问。通过盘问搞清物品的性质、特性，并与检查结果相对照，才能确定是否属于违法、违禁及犯罪证据物品。

4. 检查。主盘民警在戒备民警的监控警戒下，在嫌疑人的视线内进行检查。物品检查通常是一问、二看、三听、四闻、五摸、六轻启。

（1）问，即盘问。询问物品的主人及箱、包内物品的种类和数量。

> 包内都有什么物品？有几个？什么颜色？用途？

（2）看，观察物品的外观是否异常，看包裹形状是否与对方表述的相符。

（3）听，确认箱、包内是否有异常声音。对录音机状、收音机状疑似有定时爆炸装置等物品，可通过播放、收听方法，判断其是否正常。

（4）闻，确认箱、包内是否有异常味道。

（5）摸，手的触感判断箱、包内物品种类、大小、重量及形状，是否藏有管制、危险物品。

（6）开，轻拉慢解，物品从上到下，轻拿轻放，切忌掏底取物、倾倒查物、乱拉乱翻，检查后要按原顺序将物品装好，然后固定证据。

检查内层和夹层。沿箱（包）的各个侧面、边缘进行上下摸查，将所有的夹层、底层和内层小口袋检查一遍。

检查箱（包）内物品。逐件检查。已查和未查的物品应当分开放置，并做到整齐有序。

提示：严禁让嫌疑人自己打开携带物品。

（7）放，检查完毕后，应对箱（包）内物品恢复原状，视情况处置。

第一种情况排除嫌疑，礼貌放行，并做好解释工作。

第二种情况嫌疑未排，留置盘问。

第三种情况发现可疑，果断处置。

科目四　背手上铐技战术

适用警情：

嫌疑人服从语言控制，潜在危险达不到俯卧上铐的警情。

技战术要领：

1. 确认对象。

2. 形势评估。

3. 截停、策应战术站位。主盘民警搭枪戒备，戒备民警上开棍戒备。

4. 语言结合警械、武器控制。主盘民警："警察！别动！举起双手，抬高一点，慢慢转过身，动作慢一点，两腿分开，大一点，两脚尖朝两边分开，慢慢弯下腰，两手后背伸直，掌心朝上，四指并拢，拇指分开，头向左看！"

提示：语言控制迫使嫌疑人重心不稳，不利于其反抗观察警察动作。

5. 取铐、持铐、验铐。

6. 战术接近。接近速度要慢，时刻观察嫌疑人的动作，到达嫌疑人最长肢体进攻动作范围稍微停顿，观察嫌疑人，一旦发现对方有危险动作出现，及时后撤，警告并出枪戒备。

7. 上铐。

（1）折指压腕左手上铐。

（2）折指压腕右手上铐。

8. 验铐环、上保险、押解带离。

科目五　站立式无依托背手上铐搜身技战术

适用警情：

嫌疑人被有效背手上铐，并服从控制。

技战术要领：

1. 上铐后主盘民警语言控制并用左脚向外磕对方的双脚，使其最大限度叉开，左手折指压腕控制嫌疑人左手，右手控其肩，左脚内侧贴靠其右脚内侧，勾住其右脚，左膝顶其右小腿腘部，左手后拉迫使嫌疑人身体重心向左后移。

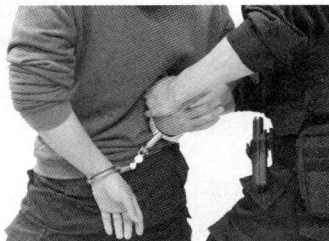

2. 主盘民警左手迅速抓、折、控嫌疑人右手大拇指，并后拉上提，语言控制嫌疑人头向右看，张开嘴，检查嘴内是否藏有危险品。

3. 按照立姿无依托搜身的技术折指压腕搜身。

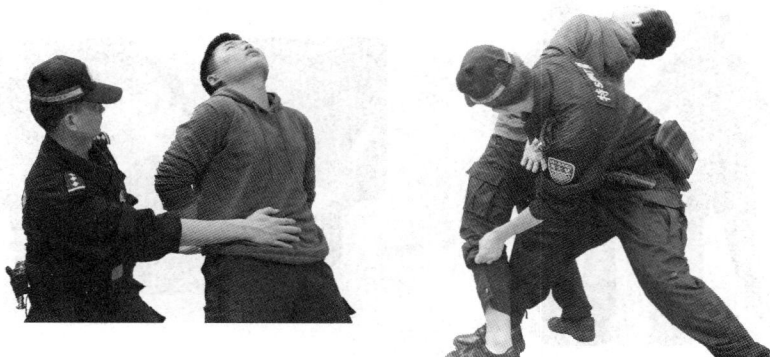

4. 右侧搜身完毕，语言警告后，再对左侧搜身。

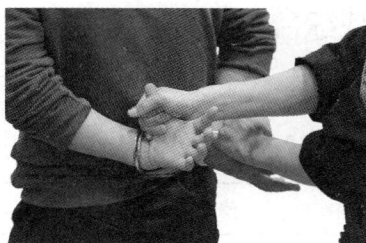

科目六　折腕抓肘带离技战术

适用警情：

嫌疑人被有效背手上铐，且有效搜身，并服从控制。

技战术要领：

1. 战术站位。主盘、戒备民警分别站位在嫌疑人后边左、右两侧。

2. 控制。主盘民警位于嫌疑人左侧左手扶肘，右手折其腕，并上提，戒备民警位于嫌疑人右侧控制。

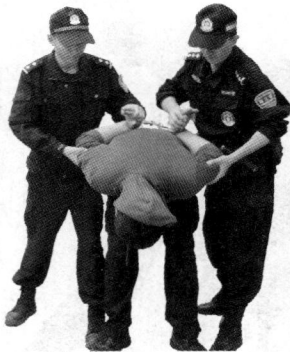

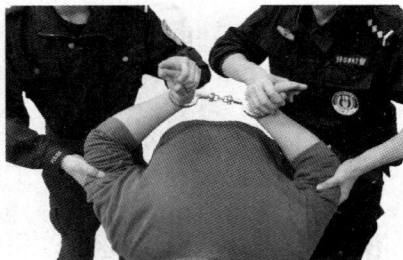

科目七　实战综合应用

一、分析研判——应急预案制定

执法程序	案情分析	案情判定
确定盘查对象	群众举报	确定盘查对象

续表

执法程序		案情分析		案情判定
形势评估	基本情况	周一早晨八点、上班高峰期、公交车站		不适合立刻盘查
		公交车被迫停止运行		迅速恢复公共秩序
	分析研判	嫌疑人	是否是小偷？是否是单人作案？是否有凶器？	提升安全意识，保持戒备距离
		警员	双警携带单警装备	有警力优势
		环境	上班高峰期并在公交站	容易引起围观，如需要进一步执法，更换盘查地点
预案	预案一	搜集证据，恢复交通，嫌疑人简易盘查，需进一步盘查，更换盘查地点		更换盘查地点，实施盘查
	预案二	更换盘查地点时，嫌疑人不配合		提升武力级别，采用双警押解带离
	预案三	嫌疑人有同伙或更高级别武力等不利于即刻实施控制		警察迅速战术掩护撤退，并请求警力增援

二、预案实施

1. 打开执法记录仪，固定证据，恢复正常秩序。

2. 告知。主盘民警搭手戒备："你好，我们是某某派出所民警，经了解现场情况，现依法对你盘查，请配合。"

警情诱导一：嫌疑人以东西不是我偷的为由，不配合。

3. 劝告。主盘民警："为了能够更好地解决问题，并能够澄清你没有问题，所以请你配合，配合盘查是公民应尽的义务，请你配合。"

警情诱导二：嫌疑人非常抵触并大声吆喝，围观的人逐渐增多。

4. 告知。主盘民警："请保持冷静，我们为你澄清事实而来，请协助我们到

××处接受进一步调查，否则依法口头传唤你。"

警情诱导三：嫌疑人被迫配合。

5. 带至新盘查点。

嫌疑人和举报人走在前边，民警站位于嫌疑人身后左右两侧。

6. 战术站位戒备。举报人位于戒备民警左前侧，嫌疑人位于主盘民警左前侧。

7. 人物分离。主盘民警语言控制："用你的左手将包慢慢摘下，慢慢地放在你左脚前方，慢慢后退，再后退！"

8. 了解案情。

9. 盘问、证件检查。

警情诱导四：通过盘问，嫌疑人身份不能够证明，需要进一步盘查。

10. 战术接近无依托人身检查。主盘民警进行语言控制："现依法对你进行人身检查，请您配合。"

主盘民警语言控制："双手慢慢举起，十指分开，慢慢向后转身，两脚分开，脚尖向外，头向左转，双手十指交叉，放于脑后，掌心向后。"

警情诱导五：通过检查，需要进一步对随身物品检查。

11. 随身包裹检查。

警情诱导六：通过检查，包内发现多部手机、小刀之类物品。

12. 核对举报人。

警情诱导七：有举报人手机，其余手机证明不了来路。

13. 背手上铐。

14. 折腕抚肘押解带离。

子情境五

盘查警务对语言消极抵抗警情处置

任务五　民警对疑似通缉犯的案情盘查

案　情： 某夏日下午一点，两民警在小区广场巡逻时，躺椅上发现一名熟睡人员，初步辨认与网上通缉抢劫银行潜逃人员外貌相似，对其盘查。

案情诱导：

1. 嫌疑人语言不配合，并不断向警察逼近。
2. 背手上铐 1.2 米战术接近时，嫌疑人突然转身，表达诉求。

基本知识

科　目　案件处置的法律依据

一、《中华人民共和国人民警察法》

第 2、7 条（参考任务四）

第 9 条　为维护社会治安秩序，公安机关的人民警察对有违法犯罪嫌疑的人员，经出示相应证件，可以当场盘问、检查；经盘问、检查，有下列情形之一的，可以将其带到公安机关，经该公安机关批准，对其继续盘问：

……

（三）有作案嫌疑身份不明的；

……

第 11 条（参考任务四）

二、《中华人民共和国居民身份证法》

第 15 条第 1 项（参考任务三）

三、《公安机关适用继续盘问规定》

第 2、5、7 条（参考任务三）

第 8 条 对有违法犯罪嫌疑的人员当场盘问、检查后，不能排除其违法犯罪嫌疑，且具有下列情形之一的，人民警察可以将其带至公安机关继续盘问：

……

（三）有违反治安管理或者犯罪嫌疑且身份不明的；

……

第 11 条（参考任务四）

四、《城市人民警察巡逻规定》

第 4 条第 1、2、3 项（参考任务三）

第 5 条 人民警察在巡逻执勤中依法行使以下权力

第 1、2 项（参考任务三）

（三）对现行犯罪人员、重大犯罪嫌疑人员或者在逃的案犯，可以依法先行拘留或者采取其他强制措施；

……

（七）行使法律、法规规定的其他职权。

第 6 条 在巡逻执勤中遇有重要情况，应当立即报告。对需要采取紧急措施的案件、事件和事故，应当进行先期处置。

对需要查处的案件、事件和事故应当移交公安机关主管部门处理。

五、《人民警察使用警械和武器条例》

第 2、3、4、6 条（参考任务四）

第 8 条第 1 款第 1、2、3 项（参考任务四）

六、《治安管理处罚法》

第 50 条 有下列行为之一的，处警告或者 200 元以下罚款；情节严重的，处 5 日以上 10 日以下拘留，可以并处 500 元以下罚款：

……

（二）阻碍国家机关工作人员依法执行职务的；

......

阻碍人民警察依法执行职务的，从重处罚。

第87条　公安机关对与违反治安管理行为有关的场所、物品、人身可以进行检查。检查时，人民警察不得少于二人，并应当出示工作证件和县级以上人民政府公安机关开具的检查证明文件。对确有必要立即进行检查的，人民警察经出示工作证件，可以当场检查，但检查公民住所应当出示县级以上人民政府公安机关开具的检查证明文件。

检查妇女的身体，应当由女性工作人员进行。

警务技战术实战训练

科目一　伸缩警棍搭肩戒备与驱散推棍转换技能

适用警情：

嫌疑人没有肢体对抗，不断接近警察，语言控制无效。

技术要领：

1. 伸缩警棍上开棍搭肩戒备，语言控制："保持冷静，退后，否则使用伸缩警棍！"无效后，警察用弱势手逆势手抓握伸缩警棍前管处，沉肘曲臂。

2. 嫌疑人逼近，警察重心前移，顺势用力挡推嫌疑人前胸处，拉开安全距离。

3. 语言警告："退后！否则后果自负！"同时搭肩戒备。

科目二　手铐和催泪喷射器互换技战术

适用警情：

警察持铐战术接近的时候，嫌疑人突然转身，并逼近警察。

技战术要领：

战术撤退的同时迅速手握上铐环，在胸前横扫阻截或者击打嫌疑人。

警情诱导一：嫌疑人被震慑住，停止不前。

技战术要领：

主盘民警语言控制的同时，戒备民警开棍戒备，主盘民警放手铐，取催泪喷射器，双手持握，戒备警告。

警情诱导二：嫌疑人稍微愣了一下，继续逼近警察。

技战术要领：

主盘民警语言控制的同时，将手铐放于弱势手，强势手迅速取催泪喷射器。语言控制："放弃抵抗，否则使用催泪喷射器！"单手持握，横扫喷射。

科目三   战术站位换位技战术

适用警情：

警察持铐战术接近的时候，嫌疑人突然转身，并逼近主盘民警。

技战术要领：

主盘民警持手铐防反的同时，向戒备民警方向战术撤退，戒备民警应急开棍并横扫棍向嫌疑人逼近。

警情诱导一：嫌疑人停止。

技战术要领：

戒备民警与主盘民警战术换位，戒备民警持棍戒备，主盘民警伸缩警棍换催泪喷射器，语言控制："保持冷静，否则武力控制。"

警情诱导二：嫌疑人继续逼近民警。

技战术要领：

1. 戒备民警与主盘民警战术换位，戒备民警横扫棍阻截嫌疑人。并语言控制："停止违法行为，否则使用伸缩警棍！"主盘民警取催泪喷射器，并语言控制："退后，否则使用催泪喷射器！"单手持握喷射。

2. 嫌疑人徒手袭击警察，主盘民警圆圈式催泪喷射，效果明显，嫌疑人蹲地不起。主盘民警语言控制后对眼睛实施处理。

警情诱导：清洗过程中嫌疑人不服从语言控制。

3. 俯卧式上铐。主盘民警保持戒备距离，语言控制："趴在地上，全身贴地面，否则后果自负！"主盘民警语言控制的同时，取手铐，俯卧式上铐。

4. 清洗。

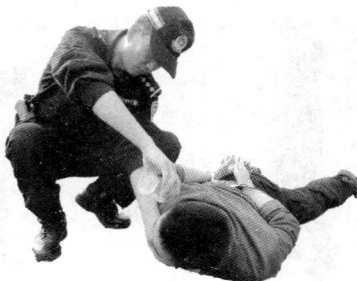

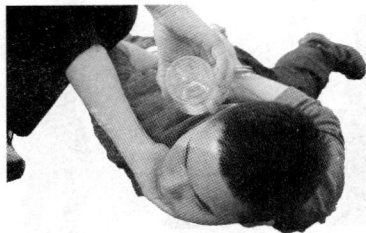

科目四　催泪喷射器有效控制俯卧式上铐搜身技能

适用警情：

嫌疑人被催泪喷射器有效控制。

技术要领：

1. 上铐后，主盘民警位于嫌疑人左手侧蹲立，右膝位其腰部位置，左膝位其背部位置；左手从嫌疑人右肘内侧控于腰部上方，左手前臂控制其右肘，右手按压在嫌疑人胯骨外侧。

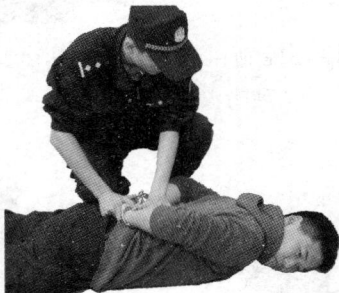

2. 语言控制的同时将嫌疑人翻转至侧立位，提高重心，左手前臂折压嫌疑人右肘；左腿靠近嫌疑人头部跪地支撑，右腿蹲立放在嫌疑人靠地腿后侧。

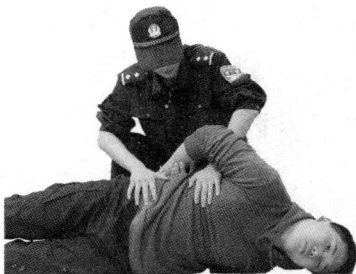

3. 语言控制的同时拉犯罪嫌疑人上侧腿至警察蹲立腿上控制，左肘压控嫌疑人右肘，另一手搜身。

4. 对嫌疑人顺序搜身，搜身至腿部时可换手控制。

5. 一侧搜身完毕后，语言控制的同时，用左手导引嫌疑人右腿放于地面，两手回到最初位置，将嫌疑人控回俯卧位置。

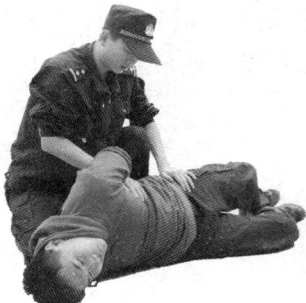

6. 用左手压背控制，从头前绕至另一侧，按照上述同样手法搜身。

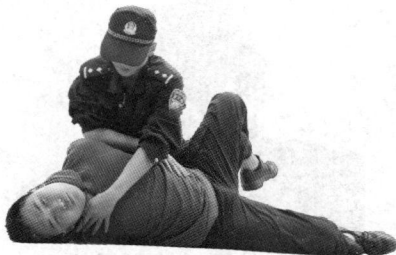

科目五　俯卧上铐折腕控肘别臂带离技战术

适用警情：

嫌疑人被有效俯卧上铐，并被有效搜身后，消极抵抗，俯地不起。

技战术要领：

1. 警察分别站位于嫌疑人两侧，主盘民警位于嫌疑人左手侧，左手扶肘，右手折、压嫌疑人左手腕；戒备民警折控其右臂左手四指抠控锁骨活动机能神经中心。

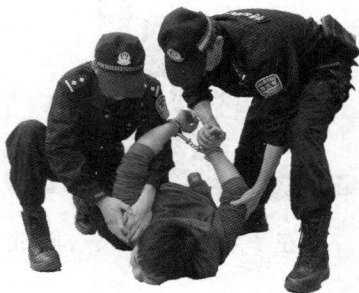

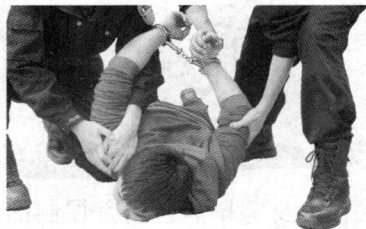

2. 双警合力提拉的同时，主盘民警语言控制："保持冷静，依次跪右膝、跪左膝，左腿伸直，右腿弯曲平放于地面，屁股慢慢着地，坐下。"

3. 主盘民警语言控制"慢慢起身"，同时折腕扶肘上拉；戒备民警控肘折肩上拉；起身的瞬间双警旋压控制。

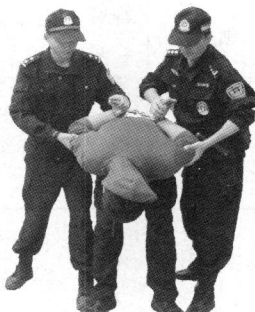

科目六　实战综合应用

一、分析研判——应急预案制定

执法程序	案情分析	案情判定
确定盘查对象	外貌疑似通缉人员	被定位盘查对象

续表

执法程序	案情分析			案情判定
形势评估	基本情况		夏日下午一点，某小区广场	适合盘查
	分析研判	嫌疑人	一个人，没有背包，身上是否有凶器不确定	提升戒备意识
		警员	双警并携带单警装备	有警力优势
应急预案	预案一		嫌疑人配合	实施盘查
	预案二		嫌疑人消极抵抗，需要进一步盘查	提升武力级别，主盘民警催泪，戒备民警伸缩警棍戒备
	预案三		嫌疑人持械抵抗	主盘民警催泪、戒备民警枪械控制，如果不适合盘查，战术掩护撤退，并请求警力增援

二、预案实施

1. 出警，确定嫌疑人。

2. 打开执法记录仪。

3. 形势评估。

4. 战术站位、语言控制。主盘民警："你好，我们是 XX 派出所民警，现依法对你进行盘查，请你慢慢站起来。"

警情诱导一：嫌疑人不理会民警，装作没有听到，闭上眼继续睡。

5. 战术站位戒备、警告。戒备民警取伸缩警棍不隐藏式戒备。主盘民警语言控制："配合盘查是公民应尽的义务，请你配合，否则依法对你口头传唤！""慢慢站起来，手不要乱动！"

6. 盘查、查验身份证。

警情诱导二：嫌疑人不理警察，眼睛四处观望，手往兜里放。

7. 口头制止。戒备民警上开棍戒备。语言控制："手不要乱动，配合盘查，否则武力控制！"

警情诱导三：嫌疑人配合。

8. 背手上铐。主盘民警："举起双手，抬高一点，慢慢转过身，动作慢一点，两腿分开，大一点，两脚尖朝两边分开，慢慢弯下腰，两手后背伸直，掌心朝上，四指并拢，拇指分开，头向左看，不要有其他的动作否则武力控制！"

警情诱导四：主盘民警1.2米战术接近时，嫌疑人突然转身，表达诉求，迅速接近警察。

9. 战术站位换位。主盘民警："保持冷静，退后，否则使用催泪喷射器！"戒备民警："退后！否则使用警棍！保持冷静，否则使用警棍！"

10. 武力控制。戒备民警伸缩警棍搭肩戒备与驱散推棍转换，拉开有效距离，主盘民警催泪喷射器喷射。

11. 催泪喷射器有效控制俯卧式上铐。

12. 催泪喷射器清洗。

13. 俯卧式搜身。

14. 俯卧上铐后折腕控肘别臂带离。

子情境六

盘查警务对徒手袭警的警情处置

任务六　民警对抢夺物品逃跑嫌疑人的案情处置

案　情：某市闹市区下午 3 点，民警巡逻时听到一名女性喊"有人抢包了……"民警迅速赶往现场，发现一名嫌疑人抢夺一名女性的挎包，嫌疑人发现民警后迅速逃跑。

案情诱导：

1. 追到一死胡同，战术站位后，嫌疑人拿出钱来贿赂民警，祈求民警放他一马。民警警告，嫌疑人发疯似地夺路而逃。

2. 嫌疑人不听从民警警告，挥胳膊袭击民警，欲夺路而逃。

基本知识

科目一　案件处置的法律依据

一、《中华人民共和国人民警察法》

第 2、7 条（参考任务四）

第 8 条　公安机关的人民警察对严重危害社会治安秩序或者威胁公共安全的人员，可以强行带离现场、依法予以拘留或者采取法律规定的其他措施。

第 9、11 条（参考任务五）

二、《中华人民共和国居民身份证法》

第 15 条第 1 项；（参考任务三）

三、《公安机关适用继续盘问规定》

第 2、5、7 条（参考任务三）

第 8 条　对有违法犯罪嫌疑的人员当场盘问、检查后，不能排除其违法犯罪嫌疑，且具有下列情形之一的，人民警察可以将其带至公安机关继续盘问：

……

（二）有正在实施违反治安管理或者犯罪行为嫌疑的；

（三）有违反治安管理或者犯罪嫌疑且身份不明的；

（四）携带的物品可能是违反治安管理或者犯罪的赃物的。

第 11 条（参考任务四）

四、《城市人民警察巡逻规定》

第 4 条　人民警察在巡逻执勤中履行以下职责：

第 1、2、3 项（参考任务三）

（四）警戒突发性治安事件现场，疏导群众，维持秩序；

……

（十六）执行法律、法规规定由人民警察执行的其他任务。

第 5 条　人民警察在巡逻执勤中依法行使以下权力：

第 1、2 项（参考任务三）

（三）对现行犯罪人员、重大犯罪嫌疑人员或者在逃的案犯，可以依法先行拘留或者采取其他强制措施；

……

（五）对违反治安管理的人，可以依照《中华人民共和国治安管理处罚条例》的规定，执行处罚；

……

（七）行使法律、法规规定的其他职权。

五、《人民警察使用警械和武器条例》

第 2、3、4、6 条（参考任务四）

第 7 条　人民警察遇有下列情形之一，经警告无效的，可以使用警棍、催泪弹、高压水枪、特种防暴枪等驱逐性、制服性警械：

……

（四）强行冲越人民警察为履行职责设置的警戒线的；

（五）以暴力方法抗拒或者阻碍人民警察依法履行职责的；

（六）袭击人民警察的；

……

（八）法律、行政法规规定可以使用警械的其他情形。

人民警察依照前款规定使用警械，应当以制止违法犯罪行为为限度；当违法犯罪行为得到制止时，应当立即停止使用。

第 8 条第 1 款第 1、2、3 项（参考任务四）

第 14 条　人民警察违法使用警械、武器，造成不应有的人员伤亡、财产损失，构成犯罪的，依法追究刑事责任；尚不构成犯罪的，依法给予行政处分；对受到伤亡或者财产损失的人员，由该人民警察所属机关依照《中华人民共和国国家赔偿法》的有关规定给予赔偿。

第 15 条　人民警察依法使用警械、武器，造成无辜人员伤亡或者财产损失的，由该人民警察所属机关参照《中华人民共和国国家赔偿法》的有关规定给予补偿。

科目二　伸缩警棍打击基本知识

一、使用原则

1. 依法使用。法律规定可以使用警棍的情形。

2. 适度使用。人民警察依照前款规定使用警械，应当以制止违法犯罪行为为限度；当违法犯罪行为得到制止时，应当立即停止使用。

3. 及时准确。自身能力评估、现场情况评估、及时准确使用适当武力、武力逐步升级。

4. 保护公民合法权益。人民警察的根本任务和职责之一，就是制止违法犯罪，保护公民的合法权益不受侵犯，正确使用警械武器有利于保障这一职责的履行。

二、打击部位

根据运动解剖学及运动生理学的相关知识，安全击打部位是大肌肉组织内的活动机能神经中心。肌肉上的活动机能神经中心布满微细神经组织。这类神经中心通常宽 7～12 厘米而敏感区域的半径还要长几厘米。击打这些部位可产生 30

秒至数分钟的活动机能失效，会产生暂时性痛楚而不会造成损伤，潜在的损伤只局限于瘀伤或浮肿。

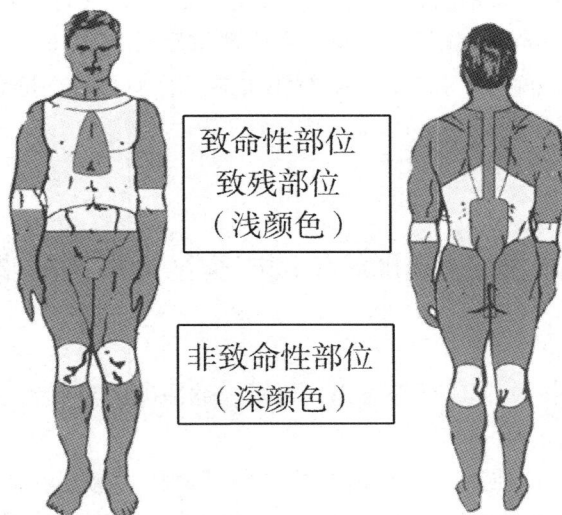

致命性部位
致残部位
（浅颜色）

非致命性部位
（深颜色）

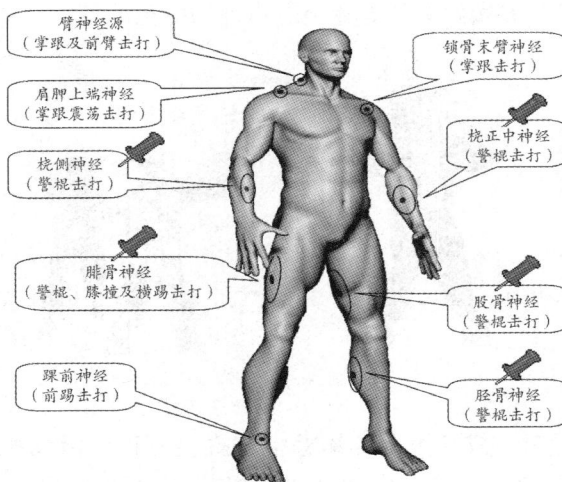

臂神经源
（掌跟及前臂击打）

肩胛上端神经
（掌跟震荡击打）

桡侧神经
（警棍击打）

腓骨神经
（警棍、膝撞及横踢击打）

踝前神经
（前踢击打）

锁骨末臂神经
（掌跟击打）

桡正中神经
（警棍击打）

股骨神经
（警棍击打）

胫骨神经
（警棍击打）

三、击打力度

对腿部大肌肉群可以重击，对手臂等小肌肉群击打力度要适中，非紧急警情下尽量避免击打暴露的骨骼及关节，特别是头颈部、裆部、两侧软肋。

四、注意事项

1. 伸缩警棍主体为钢材，合理使用会造成足够的致痛、阻截作用。如果使用不当，会造成击打对象骨折、甚至死亡的严重后果。

2. 伸缩警棍握柄无护手装置，握持不牢靠，容易被对方抢夺。

警务技战术实战训练

科目一　弧形站位战术交替掩护技战术

适用警情：

嫌疑人被逼到死胡同，无路可退，嫌疑人欲冲破民警人墙，夺路而逃。

技战术要领：

1. 民警弧形站位控制。中间站位的民警迅速战术撤退，同时持握催泪喷射器，另外两名民警手持伸缩警棍战术站位，接近嫌疑人的应急横扫挥棍，另一名民警反手持棍戒备，并做好有效处置突发事件的应急准备。

2. 嫌疑人靠近时，戒备民警伸缩警棍击打桡侧正中活动机能神经中心，趁嫌疑人疼痛的同时，另一名民警击打股骨活动机能神经中心。

警情诱导一：嫌疑人被伸缩警棍击打后，继续逼近民警。

3. 戒备民警战术撤退，主盘民警语言控制："退后，否则使用催泪喷射器！"喷雾式喷射。

警情诱导二：嫌疑人被喷后效果明显。

科目二　伸缩警棍锁臂控制训练

适用警情：

嫌疑人俯卧式倒地，需要对其手控制。

技术要领：

嫌疑人倒地后，民警双膝跪地，右手持棍，左手握伸缩警棍中端，双膝跪地，重心前移，双手合力压控嫌疑人左臂桡侧活动机能神经中心，并进行语言控制："停止反抗，否则后果自负！"

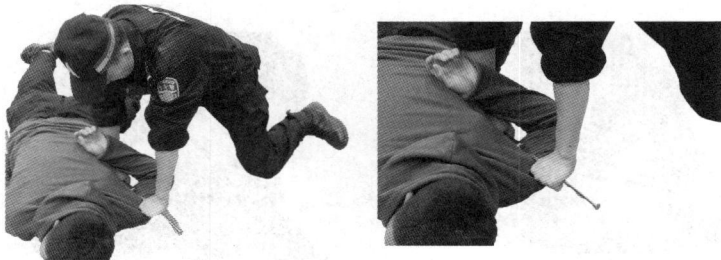

科目三　伸缩警棍上钩锁技能

适用警情：

嫌疑人被催泪喷射器有效控制，但不服从语言控制。

技术要领：

1. 民警右手持棍，由下向上挑击嫌疑人左大臂，左手拇指向上顺势抓握伸缩警棍中段。

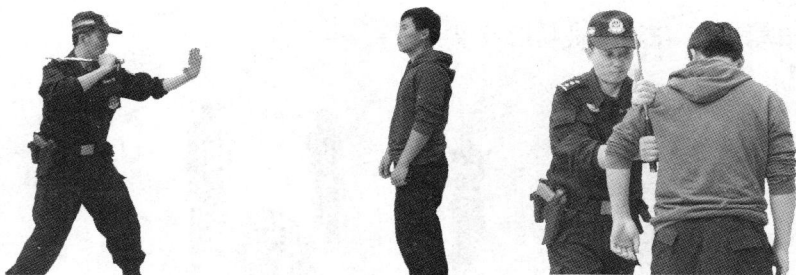

2. 双手向左下旋压左臂，左腿向左后撤步，合力将嫌疑人控制在地面。

3. 倒地瞬间，民警单膝跪地，重心前移，伸缩警棍横持棍，锁压嫌疑人大臂外侧神经机能中心。戒备民警三角锁控制嫌疑人脚踝，右腿跪压胫骨活动机能神经中心。

科目四　俯地控制上铐技战术

适用警情：

嫌疑人被有效上钩锁地面控制。

技战术要领：

1. 嫌疑人被控制俯地后，戒备民警折叠并按压嫌疑人左腿的同时，右膝跪压嫌疑人右小腿活动机能神经中心；主盘民警双膝跪地，伸缩警棍锁控嫌疑人左大臂。

2. 戒备民警伸缩警棍旋外压锁控嫌疑人脚踝。

3. 戒备民警有效旋外压锁控嫌疑人脚踝后，主盘民警左腿跪压嫌疑人左大臂活动机能神经中心，伸缩警棍尾端压控嫌疑人背部活动机能神经中心，语言控制"右手举起"，收棍取铐折指压腕上铐。

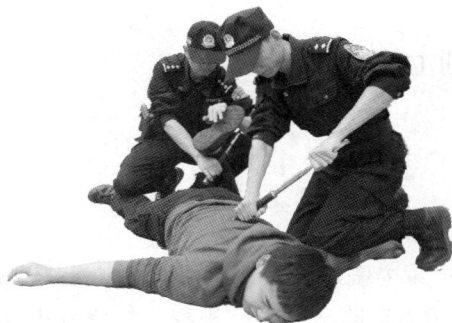

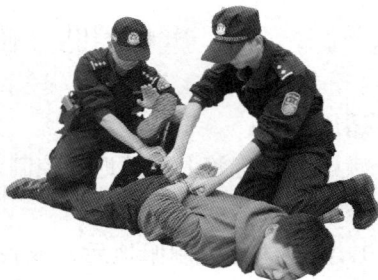

4. 主盘民警右手上铐后，对嫌疑人跪压左手折指上铐。

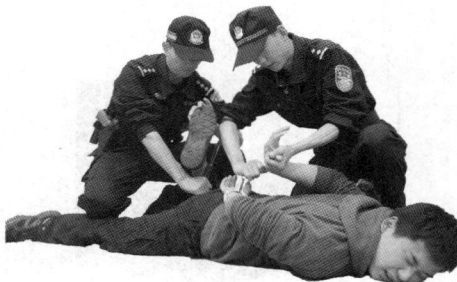

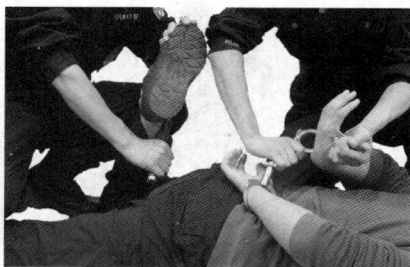

科目五　实战综合应用

一、分析研判——应急预案制定

执法程序	案情分析			案情判定
确定盘查对象	发现嫌疑人抢夺女性的挎包			被定位盘查对象
形势评估	基本情况	嫌疑人逃跑		追击选择合适的截停地点
	分析研判	嫌疑人	发现偷东西未明确身上是否有凶器	提高安全意识，提升武力级别
		警员	双警并携带单警装备	有警力优势
		环境	闹市区	容易引起围观，堵截适合盘查地点

执法程序	案情分析		案情判定
应急预案	预案一	嫌疑人配合	实施盘查
	预案二	嫌疑人不配合	高武力级别控制
	预案三	嫌疑人有同伙或更高级别武力等不利于即刻实施控制	民警迅速战术掩护撤退，并请求警力增援。

二、预案实施

1. 确定嫌疑人。

2. 打开执法记录仪。

3. 持伸缩警棍追击。

4. 截停、弧形战术站位。

5. 弧形战术站位交替掩护，伸缩警棍击打控制阻截。

6. 警告。主盘民警警告嫌疑人："你现在配合，问题很小，如果你妨碍执法将受到更严厉的惩罚！"

警情诱导一：嫌疑人不听从民警警告，挥胳膊继续袭击民警，欲夺路而逃。

7. 弧形战术站位交替掩护，催泪喷射器控制阻截。

警情诱导二：嫌疑人被催泪喷射器有效控制。

8. 主盘民警伸缩警棍上钩锁控制。

9. 俯地控制上铐。

10. 询问、清洗眼睛。

11. 俯卧式搜身。

12. 俯卧上铐后折腕控肘别臂带离。

子情境七

盘查警务对持械袭警警情处置

任务七　民警对冒用身份证嫌疑人的案情处置

案　情：在对某小区网吧清查时，发现一名上网人员冒用他人身份证，民警和网管落实情况，看到民警后，嫌疑人迅速起身，和网管索要自己的身份证。

案情诱导：嫌疑人不服从民警控制，持棍棒袭击民警。

基本知识

科　目　案件处置的法律依据

一、《中华人民共和国人民警察法》

第 2、7、9、11 条（参考任务六）

二、《中华人民共和国居民身份证法》

第 15 条第 1 款第 1 项（参考任务三）

三、《公安机关适用继续盘查规定》

第 2、5、7 条（参考任务三）

第 8 条　对有违法犯罪嫌疑的人员当场盘问、检查后，不能排除其违法犯罪嫌疑，且具有下列情形之一的，人民警察可以将其带至公安机关继续盘问：

……

（二）有正在实施违反治安管理或者犯罪行为嫌疑的；

（三）有违反治安管理或者犯罪嫌疑且身份不明的；

……

四、《城市人民警察巡逻规定》

第4条　人民警察在巡逻执勤中履行以下职责：

第1、2、3项（参考任务三）

……

（八）制止妨碍国家工作人员依法执行职务的行为；

……

（十六）执行法律、法规规定由人民警察执行的其他任务。

第5条　人民警察在巡逻执勤中依法行使以下权力：

第1、2、3、5、7项（参考任务六）

五、《人民警察使用警械和武器条例》

第2、3、4、6条（参考任务三）

第7条　人民警察遇有下列情形之一，经警告无效的，可以使用警棍、催泪弹、高压水枪、特种防暴枪等驱逐性、制服性警械：

……

（五）以暴力方法抗拒或者阻碍人民警察依法履行职责的；

（六）袭击人民警察的；

……

（八）法律、行政法规规定可以使用警械的其他情形。

人民警察依照前款规定使用警械，应当以制止违法犯罪行为为限度；当违法犯罪行为得到制止时，应当立即停止使用。

第8条第1款第1、2、3项（参考任务四）

第14、15条（参考任务六）

警务技战术实战训练

科目一　手腕防抓解脱技能

适用警情：

嫌疑人双手抓握民警右手。

技术要领：

1. 民警被抓手握拳收紧，撒左腿的同时，右手迅速抓握左拳斜向上拉。

2. 解脱后，战术移动有效戒备距离横扫开棍。并进行语言控制："退后！否则使用伸缩警棍！"

科目二　应急徒手提臂撞击技能

适用警情：

嫌疑人突然近身用手挥击民警或突然逼近民警，民警还未有充分准备。

技术要领：

1. 民警双手提臂，大小臂垂直，护于面部，含胸收腹，身体重心前移，上步格挡。

2. 曲右肘的同时以双手前臂为发力点，推开嫌疑人，再次保持戒备距离。

3. 拉开有效距离，民警上开棍，搭肩戒备。并进行语言控制："保持冷静，退后！否则使用伸缩警棍！"

科目三　反手棍锁颈控制技能

适用警情：

当嫌疑人一只手为抬起进攻状态。

技术要领：

1. 民警右手持警棍，两眼目视嫌疑人，从嫌疑人进攻手腋下穿过，反持警棍由嫌疑人颈部外侧绕过，左手抓握伸缩警棍的前端。

2. 双手合力锁紧嫌疑人颈动脉活动机能神经中心，后拉迫使嫌疑人贴近民警。

3. 民警斜下方发力，将嫌疑人摔倒。

科目四　反手棍锁颈控制上铐技战术

适用警情：

嫌疑人已被反手棍缩颈技术动作控制。

技战术要领：

1. 民警左手横拉，右膝跪其腰，迫使嫌疑人成俯卧。

2. 民警双脚脚前掌发力，横持棍，锁其颈，左膝跪压嫌疑人左大臂活动机能神经中心，右膝跪其背部活动机能神经中心神经中心。

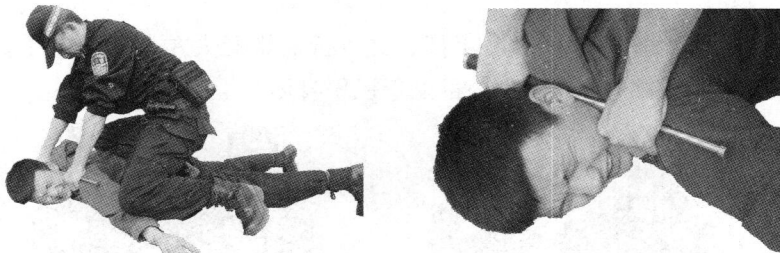

3. 语言控制的同时，左手按压嫌疑人左耳根活动机能神经中心，右手放棍，取铐。

4. 折指压腕右手上铐，折肘左手挑腕上铐。

科目五 徒手锁腕控制技能

适用警情：

当嫌疑人一只手为抬起状态（以左手为例）。

技术要领：

1. 左手插于嫌疑人左肘，右手抓、握、折控嫌疑人左手腕，左手抓握自己的右手臂，合力回拉迫使嫌疑人肘部贴近民警身体。

2. 向左后撤左腿，同时折其腕、拉其肘，迫使嫌疑人锁控摔倒。

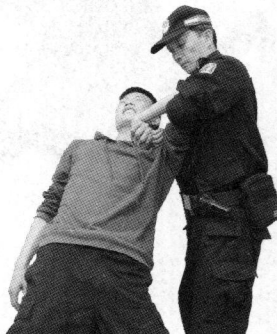

3. 右腿跪压嫌疑人颈部，左腿跪压嫌疑人肋部，右手折腕与左前臂上提，合力控制嫌疑人左手。

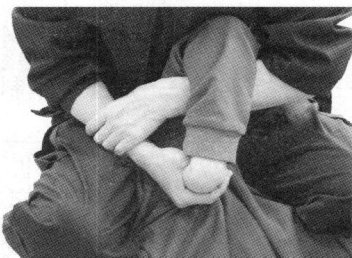

4. 两腿控制的同时，进行语言控制："服从指令，否则后果自负！" 嫌疑人左手折指上提，右手控其肘。

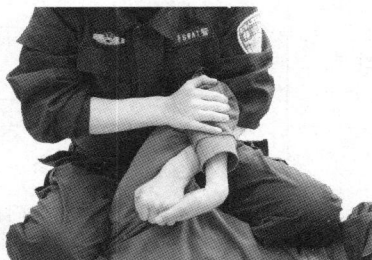

5. 民警左手折提嫌疑人手指的同时，右手下压肘部，同时双膝顺势前顶，迫使嫌疑人成俯卧；右腿跪压控其颈部，身体重心前倾，右手压控其肘，调整重心，取铐依次上铐。

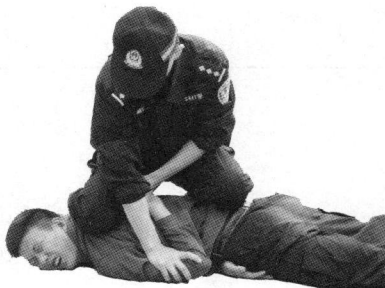

科目六　实战综合应用

一、分析研判——应急预案制定

执法程序	案情分析			案情判定
确定对象	嫌疑人身份不明			确定盘查对象
形势评估	基本情况	嫌疑人不配合盘查，起身要走		增加了盘查的必要性
	分析研判	嫌疑人	未发现同伙，身上未明确是否有危险品	搜身提高警惕
		警员	双警并携带单警装备	有警力优势
		环境	网吧门口	适合盘查
应急预案	预案一	嫌疑人配合		实施盘查
	预案二	嫌疑人夺门		高武力级别控制
	预案三	嫌疑人有同伙或更高级别武力等不利于即刻实施控制		民警迅速战术掩护撤退，并请求警力增援

二、预案实施

1. 确定嫌疑人。
2. 打开执法记录仪。
3. 形势评估。
4. 战术站位盘问。主盘民警："这是你的身份证吗？"
情况诱导一：嫌疑人消极抵抗，不理民警，和网管索要身份证。
5. 警告。主盘民警："现依法对你口头传唤，跟我们去所里做进一步调查。"
情况诱导二：嫌疑人不配合，抢夺民警手里的身份证。

6. 手腕防抓解脱。

情况诱导三：抢夺失败，嫌疑人挥臂击打民警。

7. 应急徒手提臂撞击。主盘民警："保持冷静，否则武力控制！"

情况诱导四：嫌疑人倒地后，摸起地上的短棍。

8. 应急开棍，战术站位。主盘民警上开棍戒备，戒备民警反手持棍戒备。主盘民警："放下棍棒，否则使用伸缩警棍！"

情况诱导五：嫌疑人倒地后，摸起地上的短棍，起身击打主盘民警。

9. 双警伸缩警棍打击。戒备民警击打嫌疑人右臂桡骨侧神经中心，主盘民警击打嫌疑人左腿腓骨活动神经机能中心。

情况诱导六：击打后，嫌疑人跪地，手里还持握短棍。

10. 警告。主盘民警："保持冷静，放下短棍，否则武力控制！"

11. 伸缩警棍、催泪喷射器互换。主盘民警换催泪喷射器。并进行语言控制："放下短棍，否则使用催泪喷射器！无关人员躲避！"

情况诱导七：嫌疑人不听从语言控制。喷射后，嫌疑人用左手捂着眼睛，右手持棍辱骂民警。

12. 民警战术配合擒拿。

（1）主盘民警语言控制以吸引嫌疑人注意力："你现在的行为已构成袭警罪，你必须停止你的行为，否则你将会受到更严厉的惩罚！"

（2）戒备民警趁机反手棍锁颈控制。

（3）主盘民警徒手锁腕控制。

（4）双警战术配合上铐。

13. 搜身。

14. 告诫与安慰，清洗处理。

15. 伸缩警棍别臂带离。

子情境八

盘查警务对持刀斧袭警嫌疑人的警情处置

任务八　民警对持械吵架的案情盘查

案　　情： 5 月周六晚上六点半，民警在某大学园区学生街巡逻时，一群学生模样的人在烧烤摊和摊主大吵。

案情诱导： 民警协调中，学生的争论举动激怒了烧烤摊主，顺手拿起杀羊刀，指着学生说"狠"话，烧烤摊主情绪异常激动，胡乱砍击。

基本知识

科　目　案件处置的法律依据

一、《中华人民共和国人民警察法》

第 2、7、9、11 条（参考任务六）

二、《中华人民共和国居民身份证法》

第 15 条第 1 款（参考任务三）

三、《公安机关适用继续盘问规定》

第 2、5、7 条（参考任务三）

第 8 条　对有违法犯罪嫌疑的人员当场盘问、检查后，不能排除违法犯罪嫌疑，且具有下列情形之一的，人民警察可以将其带至公安机关继续盘问：

（一）被害人、证人控告或者指认其有犯罪行为的；

（二）有正在实施违反治安管理或者犯罪行为嫌疑的；

……

四、《城市人民警察巡逻规定》

第4条　人民警察在巡逻执勤中履行以下职责：

第1、2、3项（参考任务三）

（四）警戒突发性治安事件现场，疏导群众，维持秩序；

……

（八）制止妨碍国家工作人员依法执行职务的行为；

……

（十）劝解、制止在公共场所发生的民间纠纷；

……

（十六）执行法律、法规规定由人民警察执行的其他任务。

第5条第1、3、5、7项（参考任务六）

五、《人民警察使用警械和武器条例》

第2、3、4、6条（参考任务四）

第7条　人民警察遇有下列情形之一，经警告无效的，可以使用警棍、催泪弹、高压水枪、特种防暴枪等驱逐性、制服性警械：

（一）结伙斗殴、殴打他人、寻衅滋事、侮辱妇女或者进行其他流氓活动的；

（二）聚众扰乱车站、码头、民用航空站、运动场等公共场所秩序的；

……

（五）以暴力方法抗拒或者阻碍人民警察依法履行职责的；

（六）袭击人民警察的；

（七）危害公共安全、社会秩序和公民人身安全的其他行为，需要当场制止的；

（八）法律、行政法规规定可以使用警械的其他情形。

人民警察依照前款规定使用警械，应当以制止违法犯罪行为为限度；当违法犯罪行为得到制止时，应当立即停止使用。

第8条第1、2、3项（参考任务四）

第14、15条（参考任务六）

警务技战术实战训练

科目一　控肘压眉骨机能神经活动中心押解带离

适用警情：

嫌疑人俯卧后，消极对抗不配合押解带离。

动作要领：

警察单膝跪地，右臂由下挑肘并折压嫌疑人的左肩，左手中指按压眉骨机能神经中心。

警察进行语言控制的同时，右臂折压嫌疑人的左肩，左手按压眉骨机能神经中心，合力迫使嫌疑人起身。起身后，民警右臂拉近嫌疑人，迫使嫌疑人靠近身体，左手按压控制颈部，右臂折肩，身体左后旋转押解嫌疑人。

科目二　伸缩警棍抱腿顶摔脚踝锁技能

适用警情：

嫌疑人注意力不在实施技术动作（身后）的警察上，技术动作实施具备突然性的条件。

技术要领：

1. 身前民警吸引嫌疑人注意力，身后民警从嫌疑人身后接近，下潜的同时右腿插在嫌疑人两腿中间，伸缩警棍绕过嫌疑人的两腿胫骨偏上位置，左手抓住伸缩警棍棍头，迅速后拉，右肩顶其胯，合力将嫌疑人摔倒。

2. 嫌疑人倒地后，身后民警迅速贴近嫌疑人，双手横持棍压、控嫌疑人的膝盖。

3. 身前民警双腿夹紧嫌疑人头部，伸缩警棍尾端锁控嫌疑人背部神经机能活动中心。

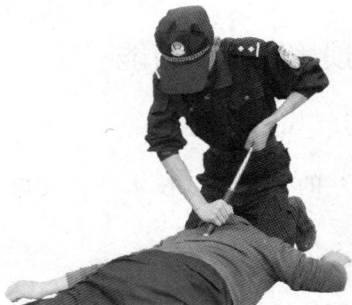

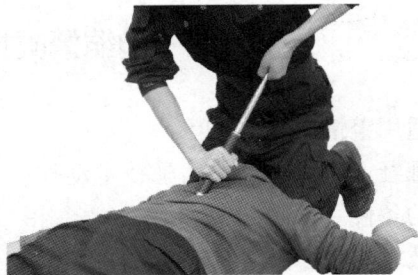

4. 身后民警右膝跪压嫌疑人右腿股骨机能神经活动中心，左手折压左腿。

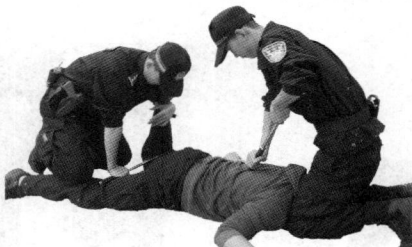

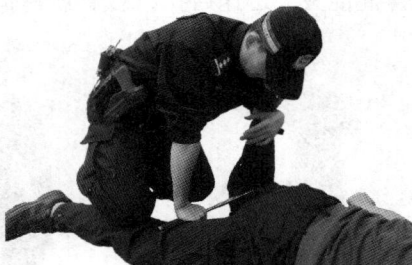

5. 重心上提，左臂折臂，右手持握伸缩警棍回拉，左手旋压脚踝，合力控制。

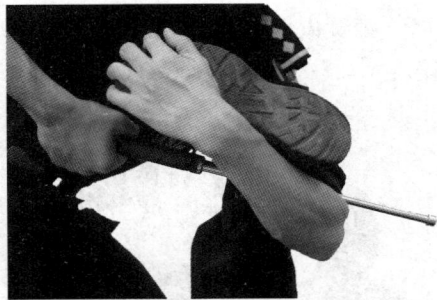

6. 戒备民警双腿加紧控制嫌疑人头部，收棍、取铐折指压腕上铐，并进行语言控制："服从指令，否则后果自负，右手慢慢抬起。"

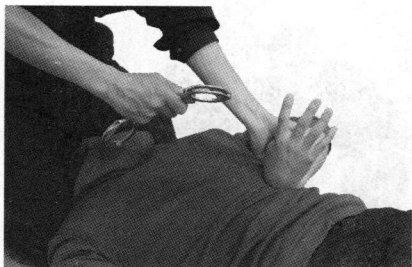

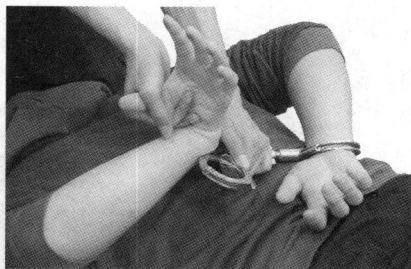

科目三　俯卧上铐折腕压眉骨机能
神经活动中心押解带离技战术

适用警情：

嫌疑人有效俯卧式上铐，并有效搜身后，嫌疑人消极抵抗，俯地不起。

技战术要领：

1. 主盘民警右手折控嫌疑人左肩，右腿顶靠嫌疑人左腰，左手中指控眉骨活动机能神经中心，戒备民警扶肘折肩；主盘民警进行语言控制："慢慢起身，右膝跪地！"的同时，双警折、控肩，主盘民警控压嫌疑人眉骨活动机能神经中心，合力迫使嫌疑人右腿跪地，跪地的同时，主盘民警左手控其颈部。

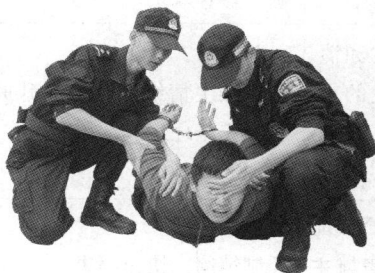

2. 主盘民警语言控制："左膝跪地！"双警提拉抬的同时，主盘民警再次进行语言控制："慢慢起立，不要乱动！"

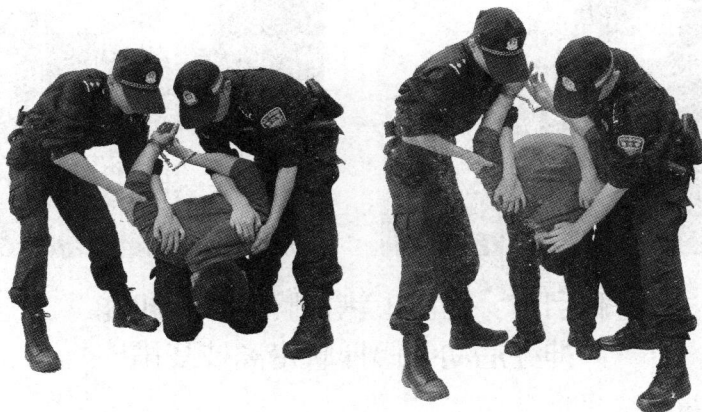

科目四　实战综合应用

一、分析研判——应急预案制定

执法程序	案情分析			案情判定
确定对象	烧烤摊主和一群学生模样的人吵架			确定盘查对象
形势评估	基本情况		因为琐事，烧烤摊主和消费的学生吵架，学生的言语激怒了烧烤摊主，致其持刀砍击	烧烤摊主情绪激动，提升戒备意识，增加安全理念
	分析研判	嫌疑人	学生服从命令，配合执法，烧烤摊主持械，情绪激动	控制情绪，快速解决
		警　员	双警并携带单警装备	警力优势不明显，上报警情
		环　境	烧烤摊	人员流动大，而且比较复杂，尽快处理

续表

执法程序	案情分析		案情判定
应急预案	预案一	烧烤摊主配合	语言劝告，协调双方，尽快处理
	预案二	烧烤摊主不配合，持刀砍击学生	主盘民警催泪喷射器控制，戒备民警开棍戒备的同时，疏散周边人员，依据警情请求警力增援
	预案三	烧烤摊主砍击民警	民警寻找掩护物，催泪喷射器战术控制，如果效果不好，战术撤退，寻求警力增援

二、预案实施

1. 确定嫌疑人。

2. 打开执法记录仪。

3. 形势评估。

4. 劝告。

（1）主盘民警："双方都不要着急，有事我们慢慢说。"

（2）戒备民警战术劝告学生往后靠，同时劝告周围群众不要围观。

警情诱导一：学生后靠的同时，嘴上说话不好听，导致烧烤摊主情绪激动，顺手拿起杀羊刀。

5. 心理劝导。主盘民警语言控制："保持冷静，放下刀，有事好好说，大家都是朋友，把事闹大了，对大家都不好。"

6. 心理恐吓。戒备民警："学生的主要任务是学习，不要激化矛盾，对方手里有刀，下手没轻没重，都不要说话。"

警情诱导二：主盘民警劝导无效，嫌疑人拿刀乱挥舞，情绪非常亢奋。

7. 警告。主盘民警："保持冷静，先把刀放下，如果误伤了，对你是不利的！"

警情诱导三：主盘民警警告无效，嫌疑人拿刀乱砍击。

警情诱导四：围观人员太多，不具备武器控制条件。

8. 汇报。戒备民警把警情向上级领导汇报。

9. 战术站位，持警械战术戒备。主盘民警取催泪喷射器；戒备民警取伸缩警棍。

10. 劝告。主盘民警："保持冷静，放下刀，别造成误伤，否则使用催泪喷射器，无关人员躲避。"戒备民警上开棍，语言警告："放下刀，否则使用伸缩警棍！"

11. 主盘民警催泪喷射器控制。

12. 戒备民警伸缩警棍锁腿技。戒备民警语言控制："扔掉手中的刀，否则后果自负！"

警情诱导五：嫌疑人倒地后，不扔掉刀，试图继续反抗。

13. 主盘民警伸缩警棍锁臂。主盘民警语言控制："放下刀，否则后果自负！"

14. 伸缩警棍锁臂警情下上铐。

15. 控肘压眉骨机能神经中心押解带离。双警同时技术动作押解带离。主盘民警："配合我们，否则后果自负"；"迅速站起来，不要有附加动作"。

16. 告诫与安慰，清洗处理。

情境三　嫌疑人车辆查控警务突发警情处置

对女性消极抵抗的警情处置

任务九　民警对违反交通规则的案情处置

案　情：某日下班高峰期，在开发区振华路龙腾路红绿灯路口，一名女性闯红灯。

案情诱导：

1. 不听从民警劝阻强行离开。
2. 嫌疑人要民警出示执法证。
3. 嫌疑人抱住民警大腿，并啃咬。

基本知识

科目一　案件处置的法律依据

一、《中华人民共和国人民警察法》

第23条　人民警察必须按照规定着装，佩带人民警察标志或者持有人民警察证件，保持警容严整，举止端庄。

第35条　拒绝或者阻碍人民警察依法执行职务，有下列行为之一的，给予治安管理处罚：

（一）公然侮辱正在执行职务的人民警察的；

……

（五）有拒绝或者阻碍人民警察执行职务的其他行为的。

以暴力、威胁方法实施前款规定的行为，构成犯罪的，依法追究刑事责任。

二、《公安机关人民警察现场制止违法犯罪行为操作规程》

第6条   采取处置措施前，公安民警应当表明身份并出示执法证件，情况紧急来不及出示执法证件的，应当先表明身份，并在处置过程中出示执法证件；着制式警服执行职务的，可以不出示执法证件。

科目二   消极抵抗处置

一、民警执法时出示执法证件原则

1. 根据有关规定，人民警察证是民警身份和依法执行职务的凭证和标志，公安民警执法时应当随身携带；人民警察制式服装及其标志为人民警察专用，其他任何单位和个人不得持有和使用。

2. 民警着制式警服执法时，应当口头向执法对象表明执法身份，不用主动出示人民警察证；如果执法对象要求出示，则应当出示。

3. 民警着便衣执法时，应当主动出示人民警察证。

4. 在遇到严重暴力犯罪等紧急情况下，民警应当先口头表明身份并立即采取必要的处置措施，在处置过程中或待危险排除后再出示。

二、民警执法时被语言攻击（辱骂）处置原则

1. 执法记录仪获取证据。

2. 不解释，更不要语言还击。

3. 不要任凭对方挨骂，语言控制制止。

4. 语言控制无效，依法提升武力级别。

三、民警执法时被索要执法证处置原则

1. 执法记录仪获取证据。
2. 出警一定带警官证。
3. 按着装要求规范着装。
4. 索要证件警情，依法出示。
5. 故意刁难的，依法提升武力级别。

警务技战术实战训练

科目一　语言控制技能

适用警情：

嫌疑人对民警消极抵抗或者语言抵抗。

1. 告知警情：

> 我是XX派出所民警，我在执行公务！你的行为已经被记录下来，根据《人民警察法》第三十五条第一款的规定，你的行为已经涉嫌阻碍公务！停止违法行为！"

2. 劝告警情：

即刻起，如果你停止该行为，我将不予以追究，否则将给予治安处罚！

3. 警告警情：

据《人民警察法》第三十五条，以威胁方式阻碍执法的，我们将会追究你的刑事责任！

科目二　民警被抱腿解脱的技战术训练

适用警情：

执法中，执法对象对民警下跪，消极抵抗抱着大腿不放。民警孤立无援，不明真相的路人围观，并拿手机对着民警拍照，嫌疑人蛊惑路人，情绪激动啃咬民警。

技战术要领：

1. 以嫌疑人抱住民警右腿为例，民警为防止被咬，戒备式面对嫌疑人站位，俯下身子，双手成戒备式。左手戒备嫌疑人下巴处，右手戒备于嫌疑人左耳根处，对嫌疑人进行劝说和法治教育，并进行语言控制："你的行为已经涉嫌妨碍公务，执法记录仪已经全程录像。松手，否则对你采取强制措施！"

2. 警告无效，嫌疑人啃咬民警大腿，民警左手成八字掌，掌根抵住嫌疑人下巴，斜向上推，改变其用力方向，右手食指控制耳根神经机能中心，并大喊"咬人了"，同时进行语言控制："停止你的违法行为，否则武力控制！"

警情诱导一：民警解脱双手外推的同时，被抱右腿后拉，迅速解脱，取催泪喷射器戒备，重新控制。

警情诱导二：民警解脱失败。

1. 戒备民警从嫌疑人后侧，右膝顶住其腰背部，双手中指扣压其耳根活动机能神经中心，进行语言控制的同时，迫使嫌疑人起立。

2. 嫌疑人站起的同时主盘民警后撤右腿解脱，折臂控肩压颈押解带离。

科目三　被抱腿啃咬解脱技战术

适用警情：

执法中，在群众流动的环境，嫌疑人抱住主盘民警的大腿，哭诉被冤枉，阻碍执法。经民警劝说无效后，啃咬民警。

适用警情一：

主盘民警及时有效阻止啃咬，执法环境要求迅速让嫌疑人站立。

技战术要领：

1. 主盘民警提手戒备，俯下身子弯腰进行劝说和法治教育；戒备民警站位在嫌疑人身体后侧，弯腰提手戒备，并告知围观者警情，"民警执法，不要围观，否则容易误伤"。

案情诱导：趁主盘民警不注意，嫌疑人啃咬主盘民警大腿。

2. 主盘民警左臂按压头部，左手控颈，右手从下方环抱住嫌疑人右脸，迫使嫌疑人不能够形成撕扯。

3. 戒备民警右手环抱固定住嫌疑人右脸，左手食指关节按压嫌疑人耳根活动机能神经中心，迫使嫌疑人松口。

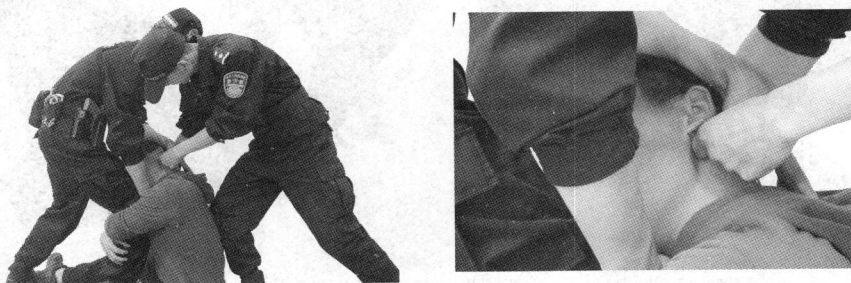

4. 嫌疑人松口后，戒备民警另一手迅速后拉；主盘民警双手外推的同时，被抱腿后拉，迅速解脱。

5. 主盘民警外推嫌疑人；戒备民警双手斜向后拉，膝盖跪压控制背部。

6. 嫌疑人倒地后，戒备民警右膝跪压背部活动机能神经中心，左手按压嫌疑人颈部，降低嫌疑人起身反抗的概率；主盘民警上步的同时，依次折压嫌疑人的右腿、左腿。

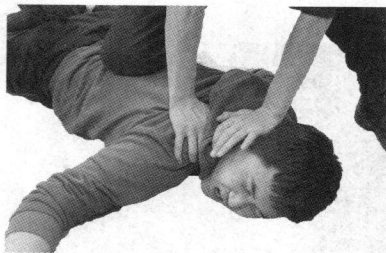

7. 主盘民警左膝跪压嫌疑人脚踝，手折压嫌疑人左脚背。

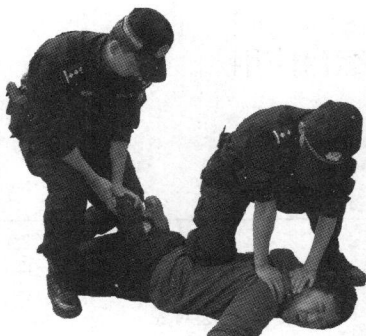

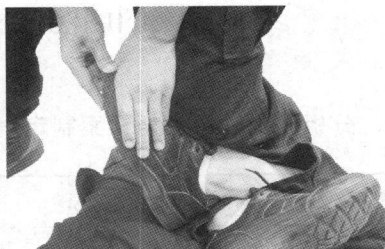

8. 戒备民警左膝跪压嫌疑人颈部，左手按压耳根活动机能神经中心，右手取铐，语言控制，依次上铐。

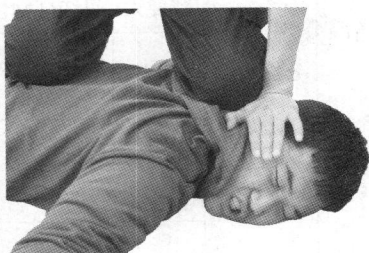

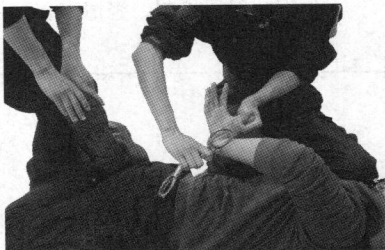

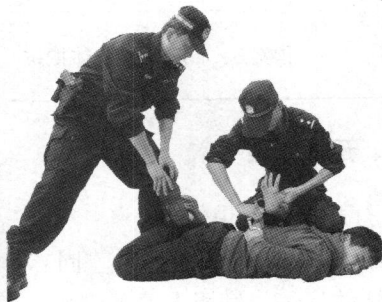

科目四   实战综合应用

一、分析研判——应急预案制定

执法程序	案情分析			案情判定
确定对象	红绿灯路口闯红灯			被定位执法对象
形势评估	基本情况		下班高峰期，在红绿灯路口，一名女性闯红灯	警告，处罚
	分析研判	嫌疑人	闯红灯女性	注意执法规范，避免不良舆论引导
		警员	单警加协警并携带单警装备	有警力优势
		环境	高峰期红绿灯路口	适合盘查
应急预案	预案一		嫌疑人配合	警告或者处罚
	预案二		嫌疑人消极抵抗	保持戒备距离，低武力压点控穴控制，警情需要催泪喷射器控制
	预案三		嫌疑人肢体抵抗	催泪喷射器控制，警情需要伸缩警棍控制

二、预案实施

1. 打开执法记录仪。

2. 正面截停。民警截停："同志，请留步。"

警情诱导一：嫌疑人停下脚步。嫌疑人："什么事？"

3. 告知。民警告知："你刚才闯红灯了，请配合我们执法。"

警情诱导二：嫌疑人不听从民警劝阻，强行离开。

4. 双警战术截停。主盘民警："我们在执行公务，你的行为我已记录下来，请配合。"

警情诱导三：嫌疑人要民警出示执法证件。嫌疑人："我怎么知道你是不是真民警，证明给我看，你是不是真民警。"

5. 主盘民警出示警官证。

警情诱导四：嫌疑人要民警出示上岗证。嫌疑人："我要的是你的上岗证，警官证证明不了你的身份。"

6. 告知。主盘民警："《人民警察法》相关条例，警官证就是民警执法的唯一合法证件！请配合。"

警情诱导五：嫌疑人以民警没有上岗证为由要离开。

7. 战术阻截站位并劝告。主盘民警："根据《行政处罚法》和《人民警察法》相关条例，我的制服、佩戴袖标、警衔、警号已经可以表明身份，而且我已出示警官证，如果认为我的执法不妥之处，可以事后进行投诉。现在你必须配合我们的执法！否则你涉嫌阻碍公务，我们会依法追究你的责任！"

警情诱导六：嫌疑人因为民警阻截强行离开失败，情绪激动，开始侮辱、谩骂。

8. 告知。主盘民警："辱骂是涉嫌阻碍公务违法行为，执法记录仪已全部录下。请停止你的违法行为！如果你停止该行为，我将不予以追究，否则将给予治安处罚！"

警情诱导七：嫌疑人接近民警企图抢夺执法记录仪，并喊民警要流氓，开始有人围观。

9. 战术取催泪警告。主盘民警取催泪喷射器："停止你的违法行为！请迅速退后，否则使用催泪喷射器，无关人员迅速躲避。"戒备民警伸缩警棍隐藏式戒备劝告："她强行闯红灯，不要围观，速速散开，否则容易误伤"。

警情诱导八：嫌疑人不听劝告，往民警身上靠，并大喊："民警要流氓。"

10. 催泪喷射器喷射。主盘民警："你已违法！我已三次警告，请停止违法行为！否则使用催泪喷射器，无关人员躲避。"

11. 安慰清理。

警情诱导九：处理后，嫌疑人蹲在地上不起，并抱住民警大腿哭泣，劝说无效后，咬民警大腿。

12. 劝告。主盘民警弯腰或半蹲进行劝说和法治教育，促其尽快起身。戒备民警弯腰或半蹲站在嫌疑人身后。

警情诱导十：嫌疑人啃咬民警大腿。

13. 双警解脱。

14. 控肩带离。

子情境十

对男性不服从控制（煽动群众）的警情处置

任务十　对无牌无证电动车检查的案情处置

案　　情：某日下午，某市交警对主要路口无牌无证违法电动车集中整治。一男子骑电动自行车走人行横道并逆行。

案情诱导：民警拦截，人车分离，嫌疑人不服从，煽动已经被扣车处理人。

基本知识

科　目　案件处置的法律依据

一、《中华人民共和国警察法》

第6条　公安机关的人民警察按照职责分工，依法履行下列职责：

……

（二）维护社会治安秩序，制止危害社会治安秩序的行为；

（三）维护交通安全和交通秩序，处理交通事故；

第7条　公安机关的人民警察对违反治安管理或者其他公安行政管理法律、法规的个人或者组织，依法可以实施行政强制措施、行政处罚。

第9条　为维护社会治安秩序，公安机关的人民警察对有违法犯罪嫌疑的人员，经出示相应证件，可以当场盘问、检查；……

第11条　为制止严重违法犯罪活动的需要，公安机关的人民警察依照国家有关规定可以使用警械。

二、《中华人民共和国人民警察使用警械和武器条例》

第2、3、4、6条（参照任务五）

第 7 条　人民警察遇有下列情形之一，经警告无效的，可以使用警棍、催泪弹、高压水枪、特种防暴枪等驱逐性、制服性警械：

……

（六）袭击人民警察的；

（七）危害公共安全、社会秩序和公民人身安全的其他行为，需要当场制止的；

（八）法律、行政法规规定可以使用警械的其他情形。

第 8 条　人民警察依法执行下列任务，遇有违法犯罪分子可能脱逃、行凶、自杀、自伤或者有其他危险行为的，可以使用手铐、脚镣、警绳等约束性警械：

……

（二）执行逮捕、拘留、看押、押解、审讯、拘传、强制传唤的；

……

三、《城市人民警察巡逻规定》

第 4 条　人民警察在巡逻执勤中履行以下职责：

……

（七）维护交通秩序；

……

第 5 条　人民警察在巡逻执勤中依法行使以下权力：

（一）盘查有违法犯罪嫌疑的人员，检查涉嫌车辆、物品；

……

（四）纠正违反道路交通管理的行为；

……

警务技战术实战训练

科目一　语言控制技能

1. 告知警情：

你逆向行驶，违反了相关法律法规，现依法对你盘查，请配合！

2. 劝告警情：

保持冷静，退后，现依法对你口头传唤！

3. 警告警情：

停止违法行为，现依法对你武力传唤！

科目二　人车分离技战术

适用警情：

骑双轮电动自行车嫌疑人，因违反《道路交通安全法》，被民警截停。盘查中不服从执勤民警控制，双手抓紧车把，拒绝下车接受检查。

警情诱导：

围观群众较多，不适合采用警械与武器。

技战术要领：

一、三角战术站位

主盘民警搭手戒备，战术站位于嫌疑人左手前侧；戒备民警搭手站位于右手前侧；机动民警位于机动车右后侧，同时兼顾维持交通秩序。戒备民警进行语言控制的同时，右手抓握车把，并反拧；机动民警拉控车后座；主盘民警左手抓握车把，右手扶其肘，并进行语言控制："现依法对你盘查，拔下钥匙。"戒备民警趁机左手拔下车钥匙。

警情诱导一：嫌疑人不服从语言控制，欲推车离开。

二、武力控制

主盘民警左手抓握车把，控制嫌疑人左手，右手按控其肘部活动机能神经中心；戒备民警右手抓握车把，控制其右手，左手控制嫌疑人肘部活动机能神经中心；机动民警拉住后座。主盘民警语言控制："请配合盘查，下车！否则采取强制措施！"

警情诱导二：嫌疑人不服从。

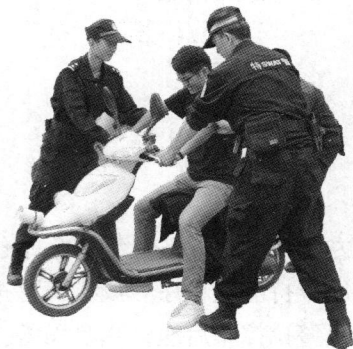

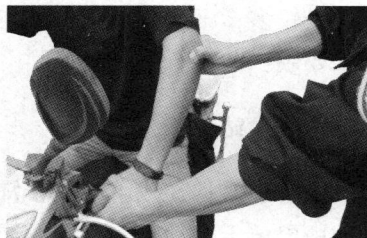

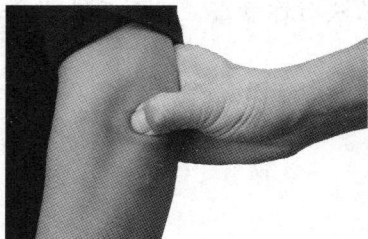

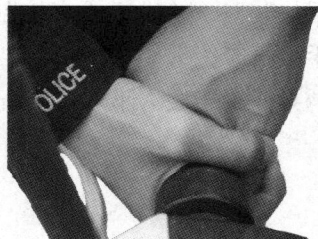

三、人车分离

主盘民警语言控制："下车！否则武力控制！"右手拇指抠压嫌疑人肘外侧活动机能神经中心，四指抠压其肘内侧活动机能神经中心，左手按压其左手虎口活动机能神经中心；戒备民警动作相反，合力迫使嫌疑人人车分离，机动民警控制嫌疑车辆。

科目三　警械控制人车分离技战术

适用警情：

对违章双轮电动自行车检查时，嫌疑人消极抵抗，拒不接受检查，民警对嫌疑人徒手控制拔下钥匙，人车分离时，嫌疑人挥臂拼命抵抗，拒不下车。

技战术要领：

1. 解脱双手。戒备民警右手折控嫌疑人右手腕，左手控制肘内、外侧活动机能神经中心；机动民警控制嫌疑人车辆；主盘民警左手折控嫌疑人左手腕，并进行语言控制："你逆向行驶违反交通安全法，给其余无辜人造成了很大的人身潜在伤害，下车接受检查！"

警情诱导：嫌疑人挥臂拼命抵抗，拒不下车。

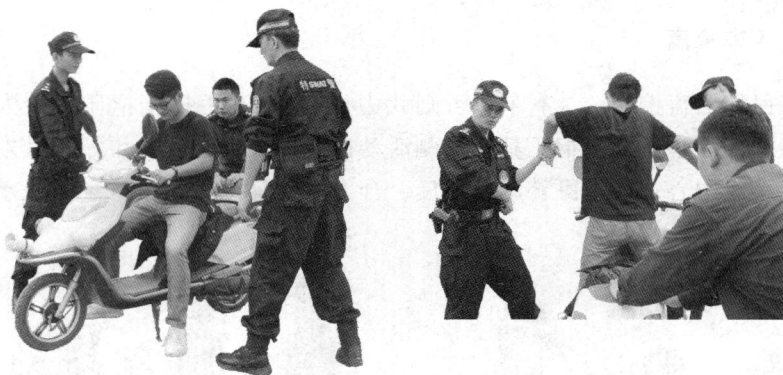

2. 人车分离。主盘民警进行语言控制："保持冷静，否则使用伸缩警棍！"左手抓握嫌疑人左手腕部，右手取伸缩警棍。

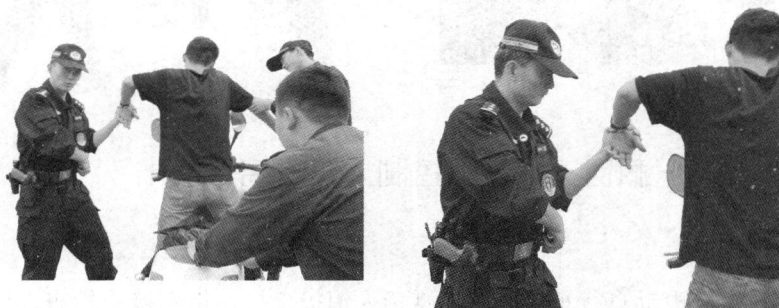

3. 主盘民警下开棍戒备，并进行语言控制："停止违法行为，保持冷静！否则武力控制！"左手内旋嫌疑人左臂并上举，伸缩警棍横架嫌疑人颈部。

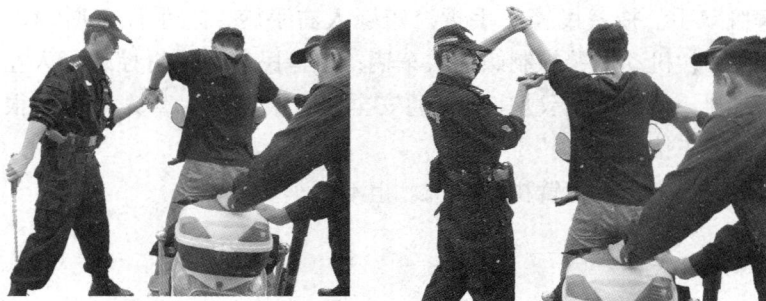

4. 主盘民警左手旋臂下压和右手抬肘，合力控制嫌疑人。

5. 主盘民警继续旋压的同时，进行语言控制："下车！否则后果自负！"机动民警控制电动车。

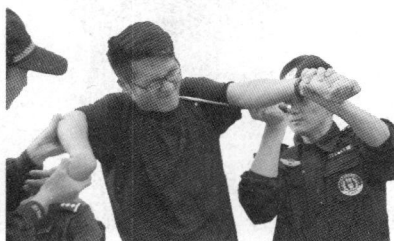

科目四　背后被抱伸缩警棍解脱技战术

适用警情：

民警被嫌疑人从身后抱住，语言控制无效。

技战术要领：

1. 民警下开棍，右腿向斜后撤一步，身体积极下潜，右手持棍。

2. 民警右手持棍，绕嫌疑人膝盖后侧，左手抓握伸缩警棍上管。两手斜向上抬、翻、压伸缩警棍，迫使嫌疑人身体后仰，膝盖贴近民警身体。

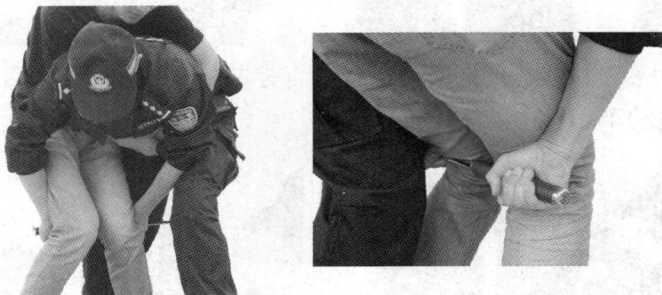

3. 民警拉紧伸缩警棍的同时，身体迅速右后转体，迫使嫌疑人成俯卧式，身体重心迅速前移，伸缩警棍折压嫌疑人膝盖后侧活动机能神经中心，控制嫌疑人。

4. 嫌疑人俯卧后，民警横持伸缩警棍压控嫌疑人小腿后侧活动机能神经中心；两脚前掌发力，右膝跪压嫌疑人背部活动机能神经中心，横持棍控压嫌疑人颈部。

科目五 实战综合应用

一、分析研判——应急预案制定

执法程序	案情分析			案情判定
分析研判	基本情况		一男骑电动自行车走人行横道并逆行	被确定执法对象
	分析研判	嫌疑人	骑电动自行车男性	潜在风险大，人车分离，注意执法安全
		警 员	多警并携带单警装备	有警力优势
		环 境	定点检查	适合盘查
应急预案	预案一		嫌疑人配合	警告或者处罚
	预案二		嫌疑人消极抵抗	保持戒备距离，三警小组战术人车分离，警情需要警械控制
	预案三		嫌疑人驾车硬闯	拦截点拦截，盘查组配合控制

二、预案实施

1. 打开执法记录仪。

2. 正面截停。

警情诱导一：嫌疑人停下，人没有下车。

3. 告知。

警情诱导二：嫌疑人不听从民警劝阻欲强行离开。

4. 多警战术截停。

警情诱导三：嫌疑人以上班为由不配合民警劝阻欲继续强行离开。

5. 劝告。主盘民警："我们在执行公务，你的行为我已记录下来，把电动车关掉，下车接受检查！"

警情诱导四：嫌疑人消极抵抗。

6. 警告。主盘民警："电动车关掉，下车接受检查。否则采取强制措施！"

7. 协同控制钥匙。

警情诱导五：嫌疑人停车，向民警索要钥匙。

8. 多警战术站位。

战术要领：

（1）机动民警把电动车移开，恢复交通秩序。

（2）戒备民警战术移动，协助主盘民警；主盘民警取棍戒备。

9. 劝告。主盘民警："保持冷静，钥匙我们会给你。现在配合我们把事情调查清楚，不要一意孤行，把小事闹大！"

10. 劝告。主盘民警："你逆向行驶，违反了相关法律法规，现依法对你盘查，配合盘查！"

警情诱导六：嫌疑人双手背在后边，指责民警不应该拦车，并煽动已经被拦截车处罚的群众，有部分人开始起哄。嫌疑人突然从身后抱住拿钥匙民警。

11. 紧急控制。被抱民警伸缩警棍解脱控制，戒备民警上铐控制。

12. 押解带离。

子情境十一

一般车辆查控的警情处置

任务十一　对涉嫌酒驾车辆查控的案情处置

案　情： 11月23日晚，某市交警大队快反骑警中队出动20名警力，在重点路口针对酒驾等交通违法行为设点检查。晚上9点左右，一辆由东向西行驶的轿车接近卡点的时候突然减速、停止，并打算调头。

案情诱导： 司机面对民警的处罚，不服从，肢体袭击民警。

基本知识

科目一　案件处置的法律依据

一、《中华人民共和国警察法》

第6条第3项（参照任务十）

第9条　为维护社会治安秩序，公安机关的人民警察对有违法犯罪嫌疑的人员，经出示相应证件，可以当场盘问、检查；经盘问、检查，有下列情形之一的，可以将其带至公安机关，经该公安机关批准，对其继续盘问：

……

（二）有现场作案嫌疑的；

……

二、《中华人民共和国人民警察使用警械和武器条例》

第2、3、4、6条（参照任务五）

第7条　人民警察遇有下列情形之一，经警告无效的，可以使用警棍、催泪弹、高压水枪、特种防暴枪等驱逐性、制服性警械：

……

（四）强行冲越人民警察为履行职责设置的警戒线的；

……

（六）袭击人民警察的；

……

（八）法律、行政法规规定可以使用警械的其他情形。

三、《城市人民警察巡逻规定》

第 4 条第 7 款（参照任务十）

第 5 条　人民警察在巡逻执勤中依法行使以下权力：

（一）盘查有违法犯罪嫌疑的人员，检查涉嫌车辆、物品；

……

（四）纠正违反道路交通管理的行为；

……

科目二　车辆查控

一、车辆查控的概念

民警为发现犯罪嫌疑线索、获取证据、查明案件、缉捕犯罪嫌疑人，依法对嫌疑人及其驾乘的车辆进行追缉、拦截、盘查、清查等查控行动所运用的技战术。

二、适用条件

1. 犯罪分子或犯罪嫌疑人使用的机动车辆。

（1）犯罪分子或犯罪嫌疑人驾驶、乘坐或劫持车辆潜逃，车型、颜色、牌照号码等特征可供识别的。

（2）犯罪分子或犯罪嫌疑人的行动路线、活动范围等有比较明显的暴露，如：作案现场留有车辆痕迹，能判明其乘车辆逃逸方向和路线可供查控截获的。

（3）车辆有走私、贩毒或贩运违禁物品嫌疑的。

（4）接到上级或友邻地公安机关查控嫌疑车辆指令或协查通报的。

2. 犯罪分子或犯罪嫌疑人盗窃或抢劫的机动车辆。

3. 疑点车辆。

三、车辆查控的特点

1. 观察的间接性。车辆的内部空间相对封闭，大部分车窗都会有贴膜，民警难以第一时间观察清楚车内情况。

2. 潜在的危险性。车内人员是否会袭警以及袭警的物理等级难以确定。

3. 较强机动性。车辆行驶具有很强的机动灵活性。

四、车辆查控的原则

1. 危险"加一"评估原则。

2. 战术运用和运用法律政策攻心原则。

五、车辆查控的要求

1. 先控后查。

2. 人车分离。

3. 先查人后查车。

4. 区别对待。对一般违章车辆与严重暴力犯罪嫌疑车辆实施不同行动方案。

科目三　酒驾车辆查控的基本程序

一、查控准备

1. 警械、武器、装备的准备。

2. 明确分工，协同一致。

（1）主盘民警主要负责对嫌疑人的盘问和检查，以及对车辆的检查。

（2）戒备民警主要负责对主盘民警的保护以及周围环境的戒备观察。

3. 卡点的选择和设置。卡点选择在视野开阔、便于拦截检查和展开警力的地点，并尽量避开人群、居民稠密区、密林地、易燃易爆和剧毒化学物品仓库以及其他复杂地段和场所，通常选择在能使车辆自然减速的路段，如弯道处、上坡道、收费站、检查站等。

如果路况的条件不具备，可以人为设置障碍，以达到减速的目的。

二、查控实施

1. 观察和确认。面对民警，驾车人或乘车人有无神色慌张、表现反常；车内是否有酒味；酒精测试仪等手段确认嫌疑车辆。

2. 截停车辆。民警通过定点检测盘查、接到警情或受指挥中心指令等途径，对车辆实施查控所采用的手段和方法。主要分为由前截停和由后截停两种形式。

（1）由前截停。

警情诱导一：设卡截停。在适宜设卡的路段设置检查卡，通常设置观察点、盘差点、阻截点 3 个卡点，由卡点的民警在截停点（路段）设置明显警示标志或手势示意行驶的车辆停车，引导该车进入检查区接受检查。

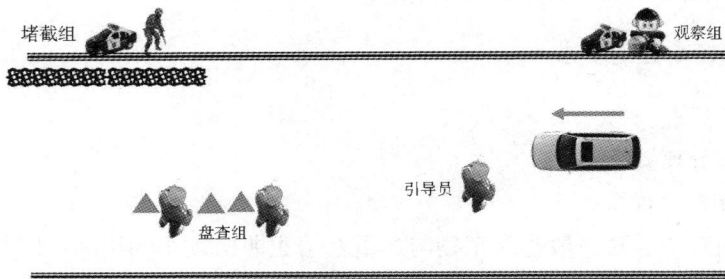

警情诱导二：警车靠右侧顺行停靠，严禁紧贴路边，引导员民警在车左前方不要太靠近路中央站位，高度戒备的同时向嫌疑车辆喊话并示意；戒备民警负责对进入卡位嫌疑车辆的戒备；各卡点之间保持联系，设有游动巡视、支援的接应民警。

（2）由后截停。警车对前面停靠或行驶嫌疑车辆拦截检查。

动作要领：

警车加速行驶到嫌疑车辆左侧示意停车接受检查，车停在距离嫌疑车辆后约

5～10 米处，车头偏向左侧，车辆的 2/3 部分露在嫌疑车辆左外侧。便于观察前方车辆，又能利用警车作为掩护。

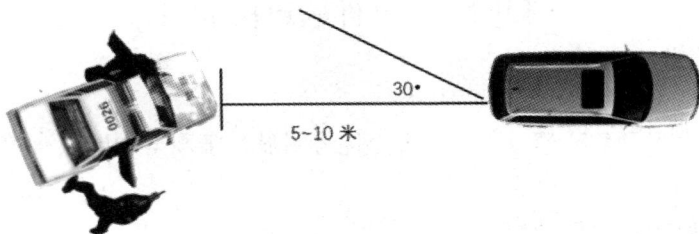

（3）截停嫌疑人驾车闯卡处理。被检查人如驾车闯卡，应当立即采取措施迫其停车，或开车尾随追击，闯卡车辆行至人多或车流量较大的地段时，应当与之拉开距离、秘密跟进，避免造成其他伤亡，待行至合适地段，予以堵截，并及时向上级报告，请求支援。

3. 控制。嫌疑车辆被成功截停后，民警要在相对安全的距离和位置上采用语言、徒手、武力等手段对嫌疑车辆和人员进行控制。

4. 接近。车辆截停后，民警在高度戒备下采用合理的战术路线和行动区域接近车辆。一般酒驾车辆截查，可以从驾驶员的位置侧前方接近可疑车辆。

5. 测量盘查。

（1）测量盘问。盘问的民警采取侧身站立的姿势，保持适当距离，面对被查人员，用弱手持握酒精检测器，强手扶枪戒备，有情况可随时后撤并拔枪控制。

（2）证件检查。当初步测量数值达到违法嫌疑，应对驾驶员的有关证件（驾驶证、行驶证）进行查验，戒备姿势和测量一样，用弱手接证件，强手扶枪戒备，有情况可随时后撤并拔枪控制。

三、查控善后

1. 经盘查发现有酒驾嫌疑的，应立即对嫌疑人予以控制，采取一定措施后，依法继续测量。

2. 当盘查后没有发现问题的，礼貌放行。

3. 做好查控登记工作，清点武器、装备、人员后，有序撤离现场。

警务技战术实战训练

科目一　证件检查技战术

适用警情：

确认车内人员危险等级不高，警力优势明显，嫌疑车辆已被有效控制，车内人员服从控制。

技战术要领：

1. 战术站位。嫌疑车辆截停后，主盘民警站位于嫌疑车辆左前侧，以能够充分观察驾驶员、驾驶员后排和副驾驶员为宜；戒备民警戒备于车辆左后侧，以能够充分观察驾驶员后排、副驾驶员和副驾驶员后排为宜。

2. 语言控制。主盘民警："用弱手慢慢掏取证件，并由车窗递出。"

3. 接取证件。

（1）主盘民警用弱手在车窗外接取证件，强手扶枪戒备，有情况随时后撤并拔枪控制对方。

（2）主盘民警用弱手接取证件，查验证件时，应始终观察驾驶员的双手。

科目二　定点酒驾检测盘查技战术

适用警情：

嫌疑车辆按照要求缓慢进入盘查点，嫌疑车辆存在潜在危险。

技战术要领：

通过引导指示标志引导嫌疑车辆按要求进入盘查点。

一、战术站位与观察确认

1. 车辆接近时，主盘民警战术站位，确认驾驶位置和副驾驶位置嫌疑人的危险等级。

2. 戒备民警位于驾驶员同侧的后门，观察后排座位嫌疑人和副驾驶人员的危险等级。

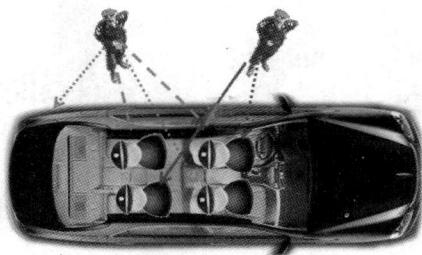

二、接近

主盘民警和戒备民警通过手势暗语，确认安全后，主盘民警站位于驾驶员车门左前侧。

三、测量

测试民警左手持酒精含量探测器，语言控制："你好，我们在依法查酒驾，吹一下酒精含量探测器检测仪口。"

四、后期处理

1. 无酒驾，礼貌放行。
2. 有酒驾，依法控制车辆和人员，进一步检测确认。

科目三　伸缩警棍三角锁控制技战术

适用警情：

车辆已经熄火，民警命令嫌疑人下车接受检查。嫌疑人不服从，双手抓住方向盘，并用脚踹击接近的民警。

技战术要领:

1. 民警下开棍右手持棍,语言控制嫌疑人。

停止违法行为!否则使用伸缩警棍!

2. 嫌疑人左腿踹击的瞬间,民警右手持棍由脚跟下向上反锁嫌疑人小腿胫骨。

3. 重心后移,民警左手抓握伸缩警棍约中端,反锁嫌疑人脚踝。

4. 反锁紧后，重心后移，斜向下拉嫌疑人。

5. 嫌疑人被拉下车后，向左后旋压嫌疑人，迫使嫌疑人成俯地状。

6. 主盘民警右膝跪压嫌疑人右小腿胫骨内侧活动机能神经中心，双手合力锁压控嫌疑人左腿。

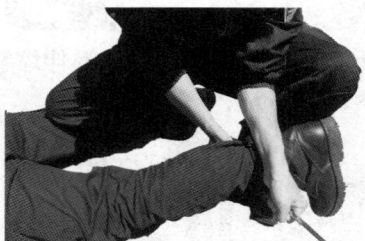

7. 戒备民警右腿跪压嫌疑人颈部，右手按压嫌疑人肩胛骨，左手控制头部，并进行语言控制。

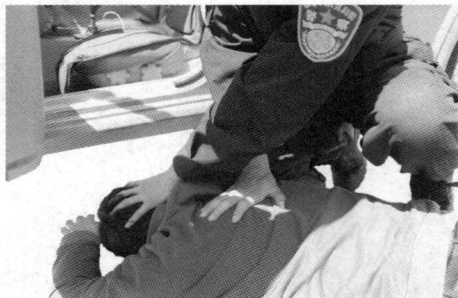

停止反抗!否则武力控制!

8. 主盘民警锁压的同时，提拉嫌疑人左腿，戒备民警跪姿取铐、上铐。

9. 背手上铐折肩压颈押解带离。

科目四　实战综合应用

一、分析研判——应急预案制定

执法程序	案情分析			案情判定
确定对象	车辆形迹可疑			确定为盘查对象
形势评估	基本情况	定点盘查中，轿车接近卡点的时突然减速、停车，并欲打算调头		车辆逃避检查的可能性比较大
	分析研判	嫌疑车辆	具备逃避检查的特征	提升戒备意识，增强戒备理念，重点盘查
		警员	定点盘查，准备充分	有警力优势

续表

执法程序	案情分析		案情判定
应急预案	预案一	嫌疑人配合	主盘查民警站位于主驾驶前戒备并实施酒精测试，戒备民警站位于后排座门后侧戒备
	预案二	嫌疑人消极抵抗	主盘民警通知阻截点民警，提升武力级别，命令嫌疑人接受检查，如果不服从，提升武力级别或武力破窗
	预案三	嫌疑人持武器抵抗	通知阻截点民警，主盘民民警取枪的同时战术撤退安全区，戒备民警开枪战术掩护撤退，并请求警力增援

二、预案实施

1. 设置卡点。

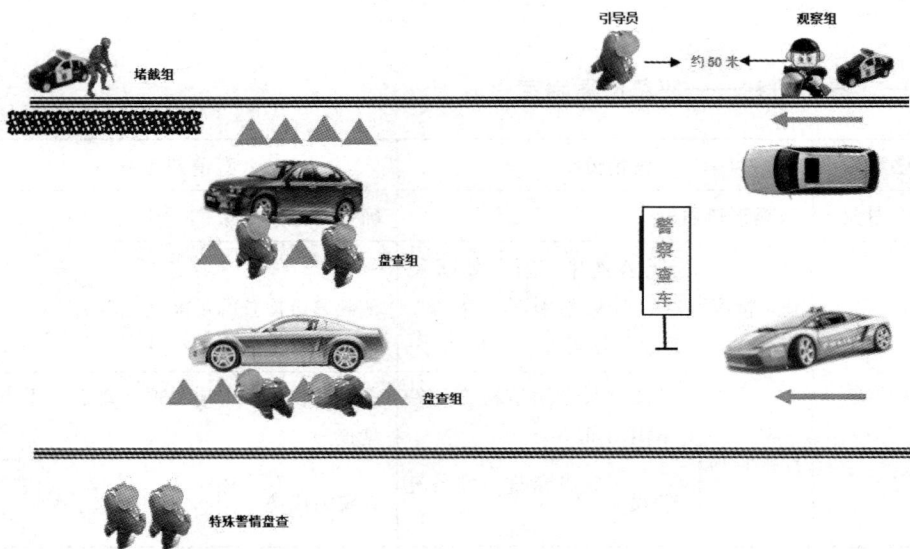

2. 任务分工。

3. 引导车辆进入盘查区。引导员用警用手电提醒嫌疑车辆正常行驶，同时观察点民警开警灯、喊话器："鲁 X8888 车辆严禁违反交通规则，正常行驶。"

警情诱导一：嫌疑车辆正常行驶进入盘查点。

4. 戒备。盘查点、阻截点民警提高戒备级别。

5. 战术站位检查。主盘民警战术站位："你好，我们在依法查酒驾，吹一下酒精含量探测器检测仪口。"

警情诱导二：驾驶员故意不用力吹，探测器数据不正常。

6. 警告。"把你嘴里的口香糖处理掉，对准吹起口用力吹，否则对你采取强制措施。"

警情诱导三：嫌疑人配合，民警现场检测，其呼气值为 58，属于酒后驾驶。

7. 告知。主盘民警："你涉嫌酒后驾驶，请下车接受我们检查。"

警情诱导四：嫌疑人自称是中午喝的酒，晚上没有喝不算酒驾。

8. 劝告。主盘民警："你现在只是涉嫌酒驾，所以配合我们进一步检查，如果没有酒后驾驶更好。"

警情诱导五：嫌疑人以下车车可能会丢为由就是不下车。

9. 战术控制。

战术要领：

（1）引导民警将该车道车辆往相邻车道分流。

（2）戒备民警将警情通知阻截民警。

（3）主盘民警："把车熄火，钥匙拔出来，拉手刹，钥匙用左手放到车顶上。"

警情诱导六：嫌疑人配合。

（4）戒备民警控制钥匙，主盘民警："用左手从外把门打开，下车！"

警情诱导七：嫌疑人情绪突然失控，让民警放过他，他再也不敢了，不配合。

10. 警告。主盘民警："你涉嫌酒驾，现依法对你检查，如果你不配合，依法对你进行口头传唤！"戒备民警强行把车门打开，并用手控制门。主盘民警："配合执法，下车接受检查，否则武力控制！"

警情诱导八：嫌疑人坐在车内抓住方向盘死不松手，并脚踹接近民警。

11. 伸缩警棍武力控制。

12. 查控后的处理。

战术要领：

（1）戒备民警将嫌疑人的车开到盘查点。

（2）引导民警疏导车辆正常行驶。

子情境十二

巡逻发现可疑车辆查控的警情处置

任务十二　对小区内可疑车辆查控的案情处置

案　　情：接群众报案，近几个月，某小区多次发生公共设施被盗案件。12月23日晚22：00，巡警大队对该小区巡逻，发现一辆外地车牌车辆，车辆长时间不熄火停靠在路边，经了解物业保安，查控小区录像，近几个月多次以找人为借口，临时进入小区。

案情诱导：嫌疑人不配合民警的盘查，发现车内有电线等物品。

基本知识

科目一　案件处置的法律依据

一、《中华人民共和国人民警察法》

第6条第3项（参照任务十）

第9条第1款　为维护社会治安秩序，公安机关的人民警察对有违法犯罪嫌疑的人员，经出示相应证件，可以当场盘问、检查；经盘问、检查，有下列情形之一的，可以将其带至公安机关，经该公安机关批准，对其继续盘问：

……

（二）有现场作案嫌疑的；

（三）有作案嫌疑身份不明的；

（四）携带的物品有可能是赃物的。

二、《中华人民共和国人民警察使用警械和武器条例》

第2、3、4、6条（参照任务五）

第7条第1款　人民警察遇有下列情形之一，经警告无效的，可以使用警棍、催泪弹、高压水枪、特种防暴枪等驱逐性、制服性警械：

……

（七）危害公共安全、社会秩序和公民人身安全的其他行为，需要当场制止的；

（八）法律、行政法规规定可以使用警械的其他情形。

第8条第1款　人民警察依法执行下列任务，遇有违法犯罪分子可能脱逃、行凶、自杀、自伤或者有其他危险行为的，可以使用手铐、脚镣、警绳等约束性警械：

（一）抓获违法犯罪分子或者犯罪重大嫌疑人的；

……

五、《城市人民警察巡逻规定》

第6条第1款　在巡逻执勤中遇有重要情况，应当立即报告。对需要采取紧急措施的案件、事件和事故，应当进行先期处置。

科目二　静止车辆查控的基本程序

一、查控准备

明确分工，协同一致。

1. 主盘民警主要负责对嫌疑人的盘问和检查，以及对车辆的检查。
2. 戒备民警主要负责对主盘民警的保护以及周围环境的戒备观察。

二、查控实施

（一）观察和确认

民警到达指定现场，通过对车辆型号、颜色、牌照真伪以及有关特征与已获知情况对比；对是否存在明显的剐蹭损伤以及面对民警时驾车人或乘车人有无神色慌张、表现反常等的对比和观察，确认嫌疑车辆。

（二）控制车辆

民警要在相对安全的战术站位距离和戒备位置上，通过语言、武力等手段控制嫌疑车辆。

注意事项：

1. 静止可疑车辆控制时，如果车辆未处于熄火状态，不要从车前或车后穿过。

2. 静止可疑车辆处于熄火状态，也要注意合理的站位，禁止站在可疑车辆的正前方或正后方，避免遭到车内人员的突然袭击。（图为错误示范）

3. 站位控制时避免处于同伴的火力区域内。

常见警情一：图示

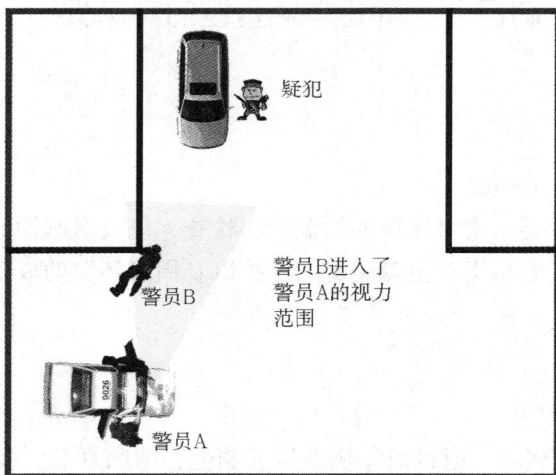

常见警情二：图示

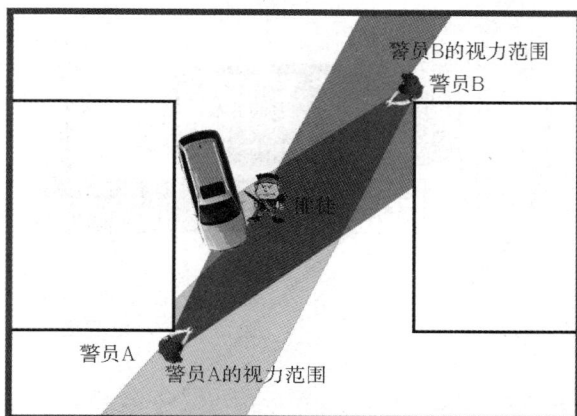

（三）接近

在高度戒备下采用合理的战术路线和行动区域接近车辆，静止车辆的接近分为观察接近和盘问接近。

1. 民警接近嫌疑车辆的心理准备。

（1）具备应对危险的一切准备。

（2）车是否熄火。

（3）车内人员人数。

（4）车内有无武器、凶器、爆炸物。

（5）警力优势怎样。

（6）有无掩护物。

（7）有无撤退路线。

2. 民警接近嫌疑车辆的行动要求。

（1）神情自然，做到外松内紧。

（2）接近时，观察车内人员的双手和身体有异常动静。

（3）危险处置原则为先躲避后反击或边躲避边反击。

（4）规范查控车辆程序，两名民警要密切配合，主次分明，分工明确。

3. 民警战术接近嫌疑车辆的接近区域与接近路线。

（1）接近区域。主要分为近距离袭击区、目标区、火力网区、推进区。

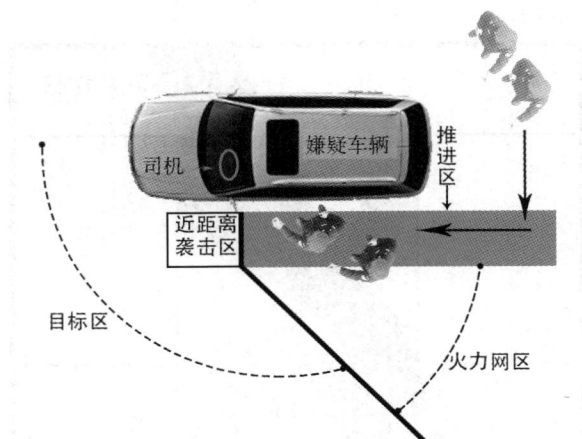

近距离袭击区，为可实质接触之区域。是民警与车左前门驾驶人位置30厘米内，嫌疑人利用车门、徒手、持械对民警实施攻击。

目标区，民警在此区域易成为嫌疑人的目标。从车身左侧开始，相对车辆走到与车身左侧大约呈45°角的位置。这个大扇形的区域就是目标区。此区域坐在司机位的嫌疑人对盘查的民警一目了然，可利用武器、对民警实施攻击。

火力网区，对方用枪的射击区（右手）。就是目标区45°角的位置，走一个扇形，向车后走，与车身大约一个人体的位置，并于车身大约30厘米，那么这个扇形面积就是火网区。此区域坐在司机位的嫌疑人利用枪支对民警实施攻击。

推进区，较为安全区域。就是从嫌疑车辆的左后方沿着与车辆左侧一个平行线，这个平行线与车身左侧距离宜小不宜大，推进到与车门接缝这个位置。坐在司机位的嫌疑人对民警攻击时，在此区域动作是受限制的。

（2）静止嫌疑车辆的盘查民警接近路线。

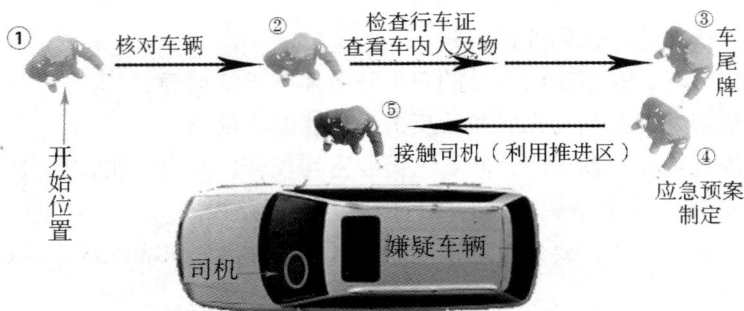

动作要领：民警沿车辆右侧进行观察，在①号位主要方便民警察看车型、前车牌；②号位检验行车证，观察车内人员动态；在②号位至③号位对车外观疑点的识别，若能看到车内，再进一步察看人员动态；③号位辨别后车牌；④号位汇报、核实、评估、计划行动；⑤号位采取向前探望的姿势，逐一检查后备箱是否锁好，车后排座位，然后是前排。

（四）盘查

接近后，民警先对车里有关人员进行逐一盘问和检查，如果有重大嫌疑并有证据证明的，对车辆进一步检查。

1. 盘问。盘问民警采取侧身站立的姿势，站位驾驶位置左前侧，保持适当距离，对被盘查人员进行盘问。

（1）驾驶员基本情况（姓名、年龄、籍贯、单位、住址等）。

（2）车上乘坐人员的基本情况（人数、来历、与己关系等）。

（3）重点问清车主（单位或个人）车的用途、去向、车上搭载的乘客情况（身份、与己关系等）和物品情况等。

2. 证件检查。当盘问不能排除嫌疑时，盘问的民警保持侧身站立的戒备姿势基础上，对驾驶员的身份证、驾驶证、行驶证、营运许可证，及保险等合法证明及有关证件进行进一步盘问查验。

3. 人身检查。当需要对车上人员进行人身检查时，盘查民警应合理换位，语言控制嫌疑人下车接受检查。车内如有其他人员按同一方法逐一下车，分别交警戒民警搜身、控制。

4. 对车辆的检查。在对乘车人员进行人身检查控制后，应立即对车座舱、车后备厢和车上物品进行检查，其目的在于检查车上可能藏有的涉案物证，甚至隐藏的犯罪嫌疑人。

（五）查控善后

1. 经盘查发现有犯罪嫌疑的，应立即对嫌疑人予以控制，并将情况及时向指挥中心报告，在采取一定措施后带回，依法留置继续审查。

2. 盘查后没有发现问题的，应当立即交还证件，做好解释工作，礼貌放行。

3. 做好查控登记工作，清点武器、装备、人员后，有序撤离现场。

三、车辆查控注意的问题

1. 发现嫌疑车辆或嫌疑人时，应保持镇定，切忌慌张、兴奋，以免惊动犯罪嫌疑人。

2. 发现嫌疑车辆后，及时向领导和有关方面报告情况；跟踪观察时，要注意隐蔽和行车安全。

3. 对于暴力犯罪的嫌疑车辆，发现后不要轻举妄动，要尽量避免一旦惊动案犯后可能形成的对峙状态；必要时，根据具体情况，在检查发现目标的同时采取控制措施，抓捕犯罪嫌疑人。

四、可疑物品的基本特征

1. 疑似作案工具：凿、钳、锯、管等。

2. 疑似违禁物品：枪支、管制刀具（匕首、三棱刀、弹簧跳刀、各种尖刀）、毒品及吸食工具等。

3. 疑似爆炸物品。

4. 其他异常物品：金属制品如电缆线、铜、铝、不锈钢、铁等；疑似伪钞、假币等物品。

警务技战术实战训练

科目一   未熄火静止嫌疑车辆接近技战术

适用警情：

民警位于车辆的右侧侧前方人行道巡逻，发现停靠在小区马路边上未熄火车辆有嫌疑。

技战术要领：

1. 确认查控嫌疑车辆后，在保持外松内紧的心理戒备基础上，沿着图例战术行进路线，按照正常状态行进观察。

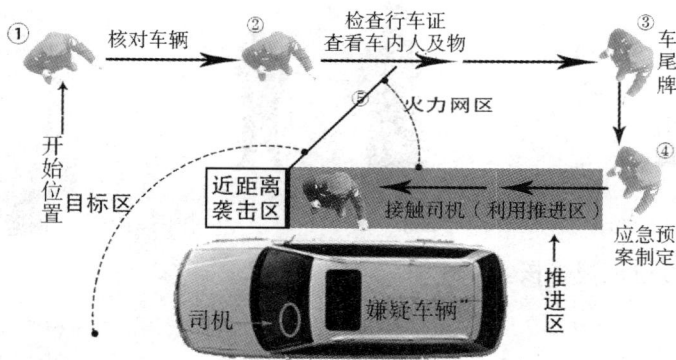

2. 观察环境，确认战术撤退路线，以及掩体。

（1）①号位主要对车型、前车牌号码、前挡风玻璃和右侧玻璃是否贴膜以及驾驶室内人员分布、基本容貌、基本坐姿。

（2）②号位主要对检验行车证、副驾驶员和后排座位驾驶员后乘车人进一步观察。

（3）在②号位至③号位主要对车外观疑点的识别，再进一步确定人员动态。

（4）③号位对后车牌辨别，观察驾驶员和副驾驶员后排座位乘车人进一步观察。

（5）④号位汇报、核实、评估、计划行动。

（6）⑤号位采取向前探望的姿势，逐一检查后备箱是否锁好，车后排座位，然后是前排。

科目二　熄火静止嫌疑车辆接近技战术

适用警情：

民警对嫌疑车辆已经初步掌握了基本信息，需要进一步查控。

警情诱导：初步掌握嫌疑车辆具有较高潜在风险，前期观察后排没有人，驾驶位置和副驾驶位置有人。

技战术要领：

1. 观察环境，确认战术撤退路线，以及掩体。

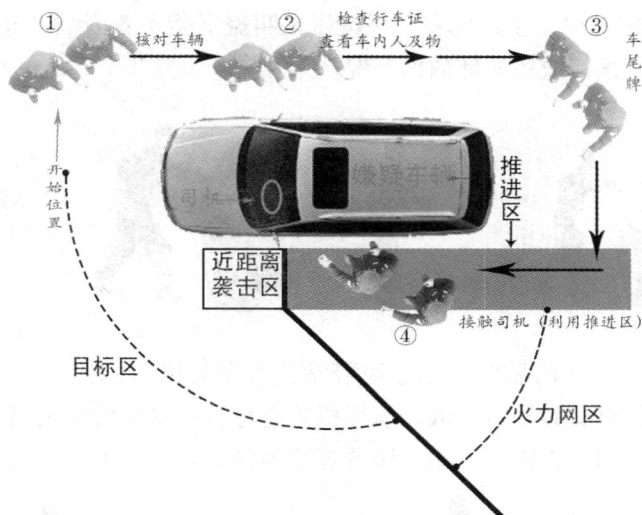

2. 民警搭枪戒备战术推进，①号位和②号位民警成双警战术小组，按照未熄火静止嫌疑车辆查控技术，合理分工，实施战术盘查。

3. ③号位推进时提高戒备，快速通过，到达推进区。

4. 接近推进区时，两名民警小组战术队形从嫌疑车辆的左侧后 45°角交替掩护，推进区战术推进。

5. 接近车尾厢时，主盘民警左手按压尾厢盖（货车查看后货箱），确认尾厢是否锁好；戒备民警戒备车厢内的警况。

6. 推进到左后车门后侧，主盘民警站位于车后侧门的侧后方位置左手按压在后侧车门和顶梁交界处，采取向前探望的姿势，观察车内人员情况，确认后座是否有人、后车门是否锁好；戒备民警观察驾驶员与副驾驶员的反应。

科目三   熄火静止嫌疑车辆后排座位有人查控技战术

适用警情：

嫌疑车辆后排座位有嫌疑人，危险级别较高。

技战术要领：

1. 确认后备厢安全后，主盘民警继续推进，在驾驶员后侧门的侧后方位置停止，左手按压门框和门顶端连接处，观察车内警情。

警情诱导：后排座位有人，发现座位有凶器。

2. 主盘民警左手手势警告戒备民警，戒备民警持枪平肩戒备震慑。

3. 主盘民警取枪低姿戒备，用左手敲击玻璃，并进行语言控制："我们是某某派出所巡警，现依法盘查，把所有窗户玻璃摇下来，否则后果自负！"

4. 嫌疑人服从指令，把所有窗户打开。主盘民警进行语言控制："所有人把手放在车外，十指分开。"

5. 主盘民警："驾驶员把车熄火，用左手把钥匙拔下来，慢慢伸出窗外，举高放到车顶。"

6. 主盘民警："驾驶员用左手把车门从外打开，右腿下车。"

7. 主盘民警："左腿再下车，双手举高，十指分开，慢慢转一圈。"

8. 主盘民警战术站位移动，主盘民警语言控制嫌疑人到安全区受检；戒备民警保持对车内情况的监控。车内其余人员，逐个下车，进入安全区，控制一个后，再让下一个下车。

科目四　后排座无人嫌疑人搜身技战术

适用警情：

嫌疑车辆后排座位无人，驾驶员危险等级较高。

技战术要领：

1. 主盘民警战术接近驾驶员一侧车门稍后一点的位置侧后停下，观察后排座，确认后排无人，战术暗语警告戒备民警。

2. 主盘民警左手放在车框与门的连接处，初步确认驾驶员的警况。

3. 主盘民警用左手敲击玻璃，语言控制："我们是民警，把窗户玻璃摇下来！"

警情诱导一：嫌疑人窗户只开了一半。

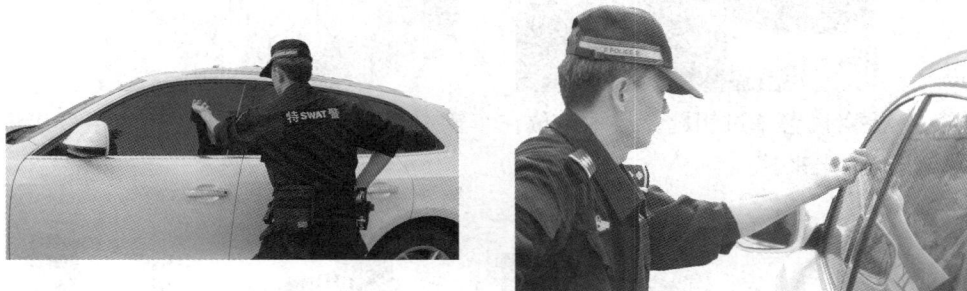

4. 主盘民警用右手按住门与车竖梁的连接处，防止嫌疑人突然开门；戒备民警提高戒备意识。主盘民警语言控制："把窗户玻璃全部摇下来！否则后果自负！"

5 主盘民警："车熄火！"

6. 主盘民警："左手取下车钥匙，放在车挡风玻璃前，双手放在方向盘上，头低下！"

7. 主盘民警拿过钥匙，战术站位在车辆左侧前，语言控制："用左手取出证件，慢慢伸出来！"

警情诱导二：嫌疑人需要进一步盘查。

8. 按照科目三技战术命令驾驶人下车。

9. 主盘民警进行语言控制："双手抱头，慢慢下车，双手举高，十指分开，慢慢转一圈！"

10. 利用车身站立式有依托搜身。主盘民警语言控制："把后车门打开，面向车，双手放在门框上，两腿后撤，两腿分开，头向左看！"

警情诱导三：搜出违禁物品。

11. 上铐押解带离。

科目五　嫌疑车辆后备厢检查技战术

适用警情：

嫌疑车辆已被有效控制，嫌疑人被有效控制在安全区，通过盘查、搜身，需对车辆进一步检查。

技战术要领：

1. 控制车辆。嫌疑人被搜身完毕，并分别有效控制在安全区。主盘民警语言控制："慢慢站起来，往后备厢走，不要有其他的动作，否则后果自负！"命令嫌疑人移动到车后备厢。戒备民警在搭手戒备的基础上，用左手把车钥匙给嫌疑人。

2. 主盘民警左手按在后备厢门与车框连接处，控制后备厢开门的速度，语言控制："慢慢把后备厢打开！"

3. 打开后，主盘民警左手控制后备厢门，语言控制嫌疑人："回到安全区！"
警情诱导：嫌疑在戒备民警的语言控制下回到安全区。

4. 戒备民警语言控制："双手抱头蹲下！"嫌疑人被有效控制后，主盘民警检查车辆。

5. 主盘民警枪口对准后备厢，慢慢打开门，侧姿低身观察，威胁解除后，检查车辆。

科目六　实战综合应用

一、分析研判——应急预案制定

执法程序	案情分析			案情判定
确定对象	经初步核查物业保安，此车行踪可疑			确定为盘查对象
分析研判	基本情况		小区公共设施多次被盗，通过监控发现车辆是临时进入	车辆嫌疑较大
	分析研判	嫌疑人员	通过小区入口监控，发现驾驶员是男性，车内其余人员不详	提升安全意识，增强戒备理念，进一步了解警情，不盲然实施盘查
		警员	巡警两名，八件套	嫌疑人员不确定

续表

执法程序	案情分析		案情判定
应急预案	预案一	嫌疑人配合	主盘查民警站位于主驾驶前戒备并实施酒精测试,戒备民警站位于后排座门后侧戒备
	预案二	嫌疑人消极抵抗	主盘民警通知阻截点民警,提升武力级别,命令嫌疑人接受检查,如果不服从,提升武力级别或武力破窗
	预案三	嫌疑人持武器抵抗	通知阻截点民警,主盘民民警取枪的同时战术撤退安全区,戒备民警开枪战术掩护撤退,并请求警力增援

二、预案实施

1. 接近未熄火静止嫌疑车辆观察。

警情诱导一:初步观察车内后排没有人,有类似电线之类的东西堆放。

2. 制定方案。

3. 推进区战术推进。

4. 对后备厢进行确认检查。

5. 再次确认后排座位警况。

警情诱导二:后排座没有人。

6. 战术接近驾驶员。

7. 对嫌疑车辆控制。

8. 对驾驶员盘问。

警情诱导三:通过盘问驾驶员不能说明车内物品的来历。

9. 证件检查。

10. 人车分离。

11. 对嫌疑人搜身。

12. 对车辆检查。

13. 锁定证据、汇报警情。

14. 控制押解带离。

子情境十三

特殊车辆检查的警情处置

任务十三　对贩毒车辆查控的案情处置

案　　情：指挥中心命令，据情报，一辆载有大量毒品的车，下午 5 时左右沿南外环高架由东向西行驶，给下家运送毒品，黑色大众商务，车牌号 X8888，车内至少有 5 名嫌疑人，其中一名为网上通缉嫌疑人，至少有猎枪 1 把。

基本知识

科目一　案件处置的法律依据

一、《中华人民共和国人民警察法》

第 6 条第 3 项（参照任务十）

第 9 条第 1 款　为维护社会治安秩序，公安机关的人民警察对有违法犯罪嫌疑的人员，经出示相应证件，可以当场盘问、检查；经盘问、检查，有下列情形之一的，可以将其带至公安机关，经该公安机关批准，对其继续盘问：

（一）被指控有犯罪行为的；

……

第 15 条　县级以上人民政府公安机关，为预防和制止严重危害社会治安秩序的行为，可以在一定的区域和时间，限制人员、车辆的通行或者停留，必要时可以实行交通管制。

公安机关的人民警察依照前款规定，可以采取相应的交通管制措施。

二、《中华人民共和国人民警察使用警械和武器条例》

第 2、3、4、6 条（参照任务四）

第7条第1款第七项（参照任务十二）

第8条第1款　人民警察依法执行下列任务，遇有违法犯罪分子可能脱逃、行凶、自杀、自伤或者有其他危险行为的，可以使用手铐、脚镣、警绳等约束性警械：

（一）抓获违法犯罪分子或者犯罪重大嫌疑人的；

（二）执行逮捕、拘留、看押、押解、审讯、拘传、强制传唤的；

……

第9条第1款　人民警察判明有下列暴力犯罪行为的紧急情形之一，经警告无效的，可以使用武器：

……

（十）以暴力方法抗拒或者阻碍人民警察依法履行职责或者暴力袭击人民警察，危及人民警察生命安全的；

……

（十四）犯罪分子携带枪支、爆炸、剧毒等危险物品拒捕、逃跑的；

……

三、《城市人民警察巡逻规定》

第5条　人民警察在巡逻执勤中依法行使以下权力：

（一）盘查有违法犯罪嫌疑的人员，检查涉嫌车辆、物品；

……

科目二　贩毒车辆查控的基本程序

1. 收集信息，分析研判。

2. 明确分工，协同一致。

第一，主盘民警主要负责对嫌疑人的盘查，如有危险，大声通知同伴。

第二，戒备人员主要负责对主盘人员的保护以及周围环境的观察。

3. 卡点选择和设置。

第一，注意事项。

（1）卡点的选择要周密合理。

（2）依据警情合理选择卡点设置模式。

（3）保证通信联络的畅通。

（4）禁止无关人员在卡点围观。

第二，设卡所需装备。路障、停车示意牌、警车、反光背心、头盔、防弹衣、警用手电、指示灯、导引牌、阻车钉等。

4. 实施查控。

第一，观察和确认。民警采用蹲点、实时跟踪的方式了解警情，确认嫌疑车辆。

第二，截停车辆。

（1）检查站截停。利用检查站或收费站拦截。

（2）定点截停。选择适宜拦截地点或路段，利用警车、临时示意牌等设备，设置车辆截停标识，对车辆拦截检查。

（3）引导式截停。依据道路的限速要求，在拦截点前方100～200米左右设置车辆检查指示标志和导行路线，使车辆减速，沿导型线路慢行至检查点进行检查。

（4）混合式卡点截停。通常设置观察点、盘查点和阻截点，在盘查卡点前方500～1000米处设置观察哨，在盘查卡后方500～1000米处设置阻截点，进行特殊警情拦截。

（5）车辆追击式截停。一般采用前堵后追的方式，不提倡撞车或逼车的方式。

（6）对暴力嫌疑车辆截停。一般采用驾车追击截停和设卡堵截截停。

第三，强行控制。对重大嫌疑车辆截停后的控制分为对车的控制和对车内嫌疑人员的控制，按先控车后控人的战术原则进行。

（1）对车的控制。重大嫌疑车辆被有效截停后，民警在相对安全的距离和位置（民警以车门、车轮及墙角、树等物体作为掩护物）战术站位戒备，通过喊话控制的方式控制嫌疑车辆。注意对车控制前的战术站位要避免处于同伴的火力区域内。

（2）对驾驶员的控制。①语言控制驾驶员进入冻结区，旋转一周。②语言控制驾驶员进入安全区。③搜身上铐。④初步盘问。一是姓名、年龄、籍贯、去向等个人情况，与已知情报对比，再次确认身份。二是车上搭载乘坐人员的人数、与驾驶员关系等基本情况，再次核对情报。三是后备厢拉的物品、车内违禁物品、爆炸物、砍刀等械具，确认接近风险。⑤初步人身检查控制。一是对车内其他人员的控制，车内其他人员按同一方法逐一下车，控制、盘问。二是再次人身检查，全部人员控制完毕，民警再次对嫌疑人进行详细人身检查。

第四，接近车辆。截停车辆后，对车内已观察到的人员有效战术控制后，在高度戒备下采用合理的战术路线和行动区域接近车辆。

（1）民警接近嫌疑车辆的心理准备。①是否具备应对后备厢有人、爆炸品的准备？②是否确定掩护物的位置？③是否明确撤退路线？

（2）民警接近嫌疑车辆的接近路线。

第五，检查车辆。战术接近车辆后，按照车后备厢、车座舱、车上物品的顺序进行彻底检查（大客车要占据前中后，多点监控）。其目的在于检查车上可能藏有的涉案物证，甚至隐藏的犯罪嫌疑人。

第六，查控善后。

（1）将情况及时向指挥中心报告，采取一定措施后带回，依法留置继续审查。

（2）做好查控登记工作，清点武器、装备、人员后，有序撤离现场。

警务技战术实战训练

科目一　贩毒车辆人车分离技战术

适用警情：

嫌疑车辆被成功截停，民警在相对安全的距离和位置有效站位，枪械控制嫌疑车辆。

技战术要领：

1. 截停心理震慑控制。通过利用地形、地物，或者设置路障、提示牌等方式截停嫌疑车辆。主盘民警充分利用掩体远距离喊话："你们已经被控制，不要妄图反抗，否则开枪！"

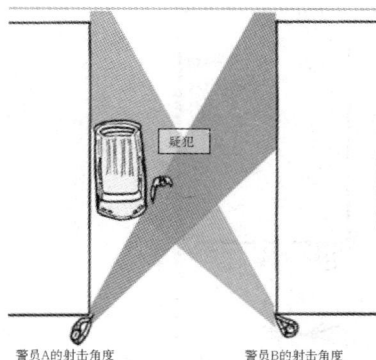

警员A的射击角度　　　　　　警员B的射击角度

2. 控制。

（1）主盘民警喊话："车辆停车熄火，所有车窗摇下，拉手刹，所有相邻窗户的人双手伸出窗外，不相邻的双手抱头，伸出窗外的五指张开，手心向上！"

（2）主盘民警喊话："驾驶员右手抱头，左手拔下车钥匙放置车顶，车内人员未经允许不准下车，否则开枪！"

（3）主盘民警喊话："驾驶员用左手从外侧打开车门，用左手把门推开，其他人员不准有任何动作！"

（4）主盘民警喊话："双手高举，迈出右腿，慢慢下车，然后左腿下车，双手举高，手掌向前，十指分开，慢慢转身背向警方！"

（5）将嫌疑人引导至安全冻结区，再次检查。

（6）将嫌疑人引导至安全区有效盘查。

（7）车内其余人员，逐个下车，控制一个后，再让下一个下车。

（8）其他民警按照部署监视和控制人员、车辆及整个现场。

科目二　贩毒车辆人员控制技战术

适用警情：

人员服从民警的控制，进入到冻结区和安全控制区。

技战术要领：

1. 驾驶员控制。

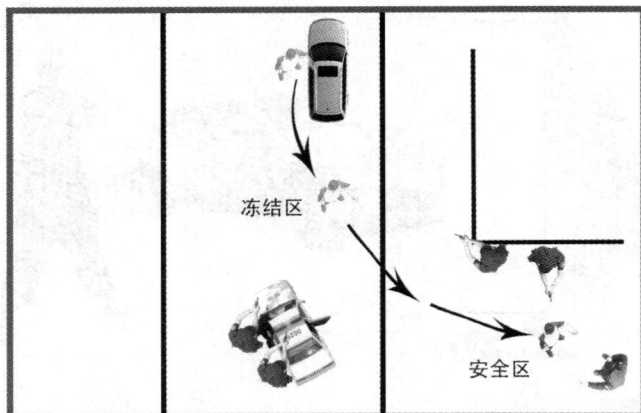

（1）主盘民警语言控制："保持高举双手，慢慢向前走！"嫌疑人被引导至冻结区，主盘民警："停！"

（2）主盘民警语言控制："保持高举双手，旋转一圈，将外套慢慢脱掉！"

（3）主盘民警喊话："保持高举双手，慢慢向前走！"嫌疑人被引导至安全区。

（4）主盘民警："双手抱头，跪下，趴下成俯卧，头向左看！"

（5）对嫌疑人俯卧式搜身。

（6）初步盘问。

2. 其余人员控制。依次指挥副驾驶、后排人员按照驾驶员的战术要领下车至指定地点，实施控制。

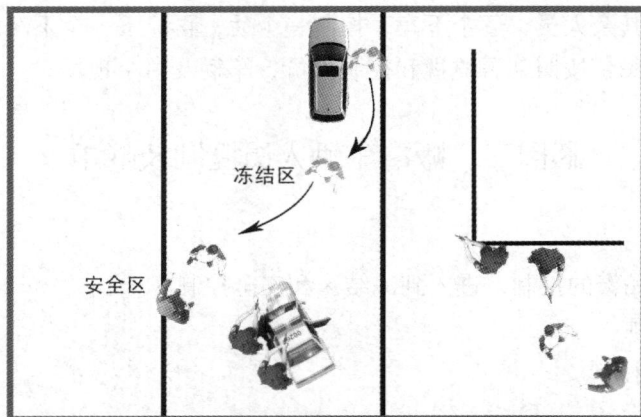

科目三　实战综合应用

一、分析研判——应急预案制定

执法程序	案情分析		
确定盘查对象	约 5 名涉毒人员，一名为网上通缉的嫌疑人		
形势评估	车辆基本情况	嫌疑车型：大众 2000	
		颜色：黑色	
		车牌号：鲁 XXX	
		位置：南外环	
		去向：下午 5 时南外环由东向西行驶	
	分析研判	嫌疑人	至少一把猎枪
		警员	1. 保持警力优势 2. 保持警械、枪械优势
		卡点设置	高架桥下桥口设置卡点
应急预案	预案一：进入盘查点服从控制	嫌疑车辆过了观察点 1，跟踪车 6 安装阻车钉，堵截点 2 的主盘民警语言控制，安全冻结区为 4、5，驾驶员堵截点 2 控制，副驾驶员堵截点 1 控制，副驾驶员后非人员警车一控制，其余人员依次警车二、跟踪车 6，后序依次控制	
	预案二：强行掉头	跟踪车 6 到达阻截点安装阻车钉，堵截点 1 火力网开枪，堵截点 2 火力网开枪	
	预案三：驾车闯卡	堵截点 2 进入安全区域，警车一、二位置开枪控制	

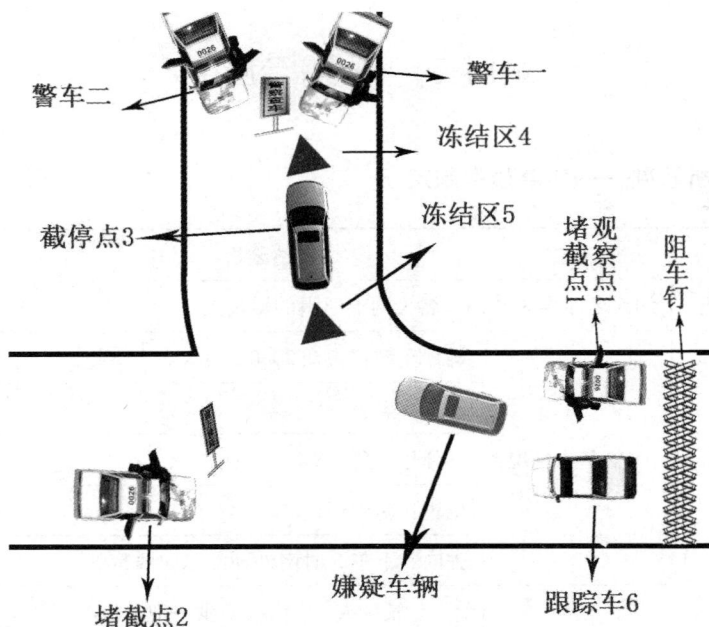

警车二　　警车一

冻结区4

截停点3　　冻结区5　　堵截点1　观察点1　阻车钉

嫌疑车辆

堵截点2　　跟踪车6

二、预案实施

1. 设置卡点。

2. 确认观察。民警驾驶伪装成社会车辆的跟踪车，观察确认车辆并沿路跟踪，对车辆分流，及时汇报警情。

3. 截停。嫌疑车辆到达冻结区 5 号位，跟踪车在 6 号位设置阻车钉，堵截点 2 号位民警拉响警笛，所有车辆拉响警笛，堵截点 2 号位民警喊话："你们已经被控制，不要妄图反抗，否则开枪！"

警情诱导一：嫌疑车辆服从控制，截停在 3 号位，按照预案一实施。

4. 站位移动。

5. 跟踪车和堵截点 1 号位警车到达预设位置完成布控，人车分离。

6. 对驾驶员进行控制、盘查。

警情诱导二：搜身中发现手枪一把。

7. 对其余人员依次控制。

8. 车辆搜查。

战术要领：

（1）警车二号位一名民警战术移动至车辆左前侧确认车内无人。

（2）堵截点 1 号位民警押解驾驶员到冻结区，堵截点 1 号位一名民警接应戒备。警车二号位一名民警战术移动车辆左前侧戒备确认车内无人，三名民警控制嫌疑人车辆搜查。

（3）车后两名民警实施盘查。

警情诱导三：车辆搜身中发现毒品。

9. 查控善后工作。

情境四　嫌疑人抓捕警务突发警情处置

子情境十四

室外繁华场所抓捕的警情处置

任务十四　民警对闹市区小偷抓捕的案情处置

案　　情：夏天某日下午三点，在某市闹市区商场二层，民警巡逻发现一名男子疑似小偷。

案情诱导：

1. 通过跟踪获取扒窃证据；通过信息比对，此人有吸毒等多次犯罪前科。

2. 嫌疑人有很强的反侦察能力，多次抓捕未果。商场外地理位置复杂，命令民警在商场二层实施抓捕。

基本知识

科目一　案件处置的法律依据

一、《中华人民共和国警察法》

第6条　公安机关的人民警察按照职责分工，依法履行下列职责：

（一）预防、制止和侦查违法犯罪活动；

（二）维护社会治安秩序，制止危害社会治安秩序的行为；

......

第7条　公安机关的人民警察对违反治安管理或者其他公安行政管理法律、法规的个人或者组织，依法可以实施行政强制措施、行政处罚。

第9条第1款　为维护社会治安秩序，公安机关的人民警察对有违法犯罪嫌疑的人员，经出示相应证件，可以当场盘问、检查；经盘问、检查，有下列情形之一的，可以将其带至公安机关，经该公安机关批准，对其继续盘问：

......

（二）有现场作案嫌疑的；

......

第11条　为制止严重违法犯罪活动的需要，公安机关的人民警察依照国家有关规定可以使用警械。

二、《城市人民警察巡逻规定》

第4条　人民警察在巡逻执勤中履行以下职责：

（一）维护警区内的治安秩序；

（二）预防和制止违反治安管理的行为；

（三）预防和制止犯罪行为；

......

第5条　人民警察在巡逻执勤中依法行使以下权力：

（一）盘查有违法犯罪嫌疑的人员，检查涉嫌车辆、物品；

（二）查验居民身份证；

（三）对现行犯罪人员、重大犯罪嫌疑人员或者在逃的案犯，可以依法先行拘留或者采取其他强制措施；

......

科目二　抓捕基本知识

一、抓捕的概念

民警运用合理的战术，依法对犯罪分子或犯罪嫌疑人实施的武力捕获警务行动。

二、抓捕的特点

1. 潜在风险高。抓捕行动是民警与犯罪嫌疑人身体与身体的直接接触。犯罪嫌疑人为了逃避法律制裁，往往以各种手段进行对抗和拒捕，尤其是违法成本较高的嫌疑人，他们穷凶极恶、鱼死网破，以凶残手段抗击民警抓捕。

2. 不确定因素多。抓捕行动大多是在动态下执行的，而且执法环境复杂，执法对象生理、心理不可预知，作战预案往往会因为客观因素而打乱。

3. 保密性强。抓捕行动方案要高度保密。对嫌疑人秘密抓捕不仅能够节省执法成本，更能够最大限度保护民警安全。否则会造成抓捕对象的逃跑和藏匿，甚至人员伤亡。

4. 信息依赖性大。抓捕行动针对已经有一定证据证明有犯罪嫌疑的人，因此信息一定要准确、全面。

二、抓捕行动的要求

1. 充分估势，防控为主。抓捕行动危险性大的特点，要求民警具有高度的安全意识和规范的执法行为。面对现场可能出现的危险，一定要避免遇到突发警情时措手不及，思想上要保持高度的警惕，行动上要采取必要的预防和控制措施，保证安全出警和规范出警。

2. 因情施策，抢先施变。抓捕行动不确定因素多的特点，要求民警在执行抓捕行动时必须依据现场警情，对各种危险因素提前评估，灵活应对，把握主动权，活用战法，不拘泥于教条。

3. 搜寻证据，保护证据。在有效抓捕嫌疑人后，首先要对犯罪证据确认和保护，及时搜缴各种与案件有关的人证、物证及其他形式的证据，使抓捕行动合法、完整，为案件的顺利侦破提供支持和保证。

科目三　室外繁华场所抓捕的基本程序

一、搜集情报

1. 抓捕对象的基本情况。包括：抓捕对象的姓名、年龄、性别、经历、体貌特征，特别要注意是否有特殊特征；抓捕对象的心理状态、反抗意识、拒捕能力、家庭情况、社会关系等；是否有同伙、同伙的情况；是否持有凶器、武器或携带危险品。

2. 活动区域和现场环境。抓捕对象活动区域内的情况，从中分析掌握抓捕对象的活动规律；抓捕现场是否公共场所，是否有建筑物，建筑物的类型、结构、与其他相关建筑物的关系、出入口的数量、位置等；抓捕对象在室外的位置是否与建筑物相关，室外环境是否空旷；影响抓捕行动的其他因素。

3. 抓捕现场的基本社情。包括：抓捕对象的亲属、相关关系人的基本情况，是否会包庇、纵容或和抓捕对象一起反抗；现场的人、车流量；当地的民风习俗，宗教信仰；群众的法制观念、文化素质及政治素质等。

二、警力部署

1. 抓捕组：进一步明确情报的可靠性；暗中围控住嫌疑人。

2. 接应组：依据警情隐蔽在附近待命。

3. 警戒组：负责外围出入口的封锁和监控。

三、行动实施

1. 抓捕组。

（1）接近目标。

（2）有效控制。

（3）及时搜身。

（4）迅速撤离。

2. 接应组。依据警情向事件中心点战术移动，随时进行必要的接应和支援，协助抓捕组迅速撤离。

3. 警戒组。

（1）依据警情向事件中心点战术移动，观察人群中是否有嫌疑人的同伙。

（2）对围观人员表明身份，说明情况，为撤退做好铺垫。

四、抓捕行动善后工作

1. 救护。如果造成人员伤亡，保护好现场的同时，实施抢救程序。

2. 保护现场。加强对围观人员的疏导、控制，保护好现场。

3. 固定证据。对现场进行搜查取证，必要时进行现场勘验。

4. 清点、撤离。

警务技战术实战训练

科目一　伸缩警棍下锁腿控制技战术

适用警情：

嫌疑人没有发现便衣民警的作战意图，民警跟踪接近嫌疑人，选择合适抓捕场所，对嫌疑人实施战术控制。

警情诱导：

嫌疑人潜在危险较高，且有一定的实战对抗能力。

技战术要领：

1. 主盘民警搭手戒备站位于嫌疑人左手侧；戒备民警（便衣）站位于嫌疑人右手侧；主控民警右手隐藏式持棍站位于嫌疑人后侧。主盘民警搭枪戒备，并进行语言控制："某某，现依法对你盘查。"主控民警趁机接近嫌疑人。

2. 主控民警战术移动到战术盘查位置，下开棍横持棍迅速插于嫌疑人大腿之间，左手防控于肩胛骨；主盘民警、戒备民警战术接近嫌疑人，分别战术控位于嫌疑人身体两侧。

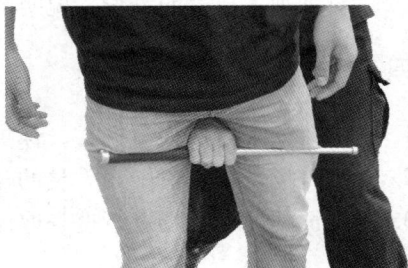

3. 主控民警迅速后拉棍，左手推击嫌疑人上体，迫使其俯卧式倒地；主盘民警和戒备民警战术接近，按压其颈部，并控制嫌疑人手。主控民警左手按压控制腰部。

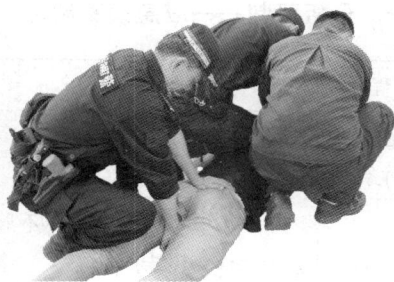

4. 主控民警重心前移，右腿跪压嫌疑人右大腿内侧活动机能神经中心，双手控制嫌疑人腰部；两名民警协助主控民警依次上铐。

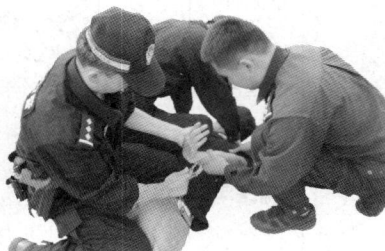

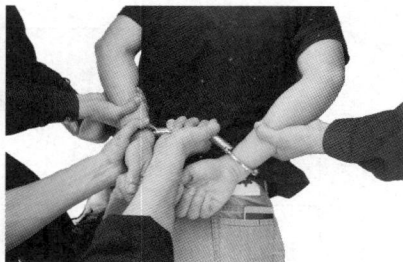

5. 搜身、押解带离。

科目二　实战综合应用

一、分析研判——应急预案制定

执法程序	案情分析			案情判定
确定盘查对象	通过跟踪获得证据			确定盘查对象
形势评估	基本情况	有吸毒前科，不服从民警执法		提高武力级别
		闹市区商场二层		容易引起围观，简单有效快速处置
	分析研判	嫌疑人	人数不确定，未发现有明显凶器	采取尾随跟踪接近，进一步查探警情，获取犯罪证据
		警员	双警，携带单警装备	有警力优势
预案	预案一	利用商场平层的封闭实施抓捕		戒备组两人一组对商场二楼出入口进行战术封堵，控制人流；抓捕组成夹击方向，便衣接近嫌疑人；接应组位于抓捕组外围，承担特殊情况接应和对群众的分流解释任务
	预案二	嫌疑人不配合并有高级别危险物品		民警战术撤退，主盘民警持催泪喷射器，戒备民警持高于嫌疑人武力级别警械或武器，利用商场物品做掩体，进行高级别武力压制
	预案三	嫌疑人不利于即刻实施控制		民警迅速战术靠拢撤退，并请求警力增援

二、预案实施

1. 警戒组战术站位。平层的各个出入口封锁，监控。

2. 接应组战术站位。分别移动到抓捕组周围，分流、堵截抓捕区楼道人流。抓捕实施时，防止进入店铺。

3. 抓捕组战术接近，利用伸缩警棍下锁腿绊摔控制。

警情诱导：抓捕顺利。

4. 战术搜身。

5. 押解带离。

6. 做好解释工作。

子情境十五

室内娱乐场所抓捕的警情处置

任务十五　民警对网吧内嫌疑人员抓捕的案情处置

案　情： 下午 2 时，接到某市繁华广场网吧网管电话举报，一中年男子持假身份证上网，外貌和网上通缉持械杀人犯相似。经过接警员的进一步了解，男子着黑色冲锋衣、浅绿色裤子，戴鸭舌帽，背大背包一个。上网登记时排队人员较多，无法确认是否有同伙。后通过对现有上网人员身份证核查，未发现其他可疑人员。

案情诱导： 嫌疑人被徒手控制时，成功解脱。

基本知识

科　目　案件处置的法律依据

一、《中华人民共和国人民警察法》

第 6 条第 1、2 项；第 7 条（参照任务十四）

第 9 条第 1 款　为维护社会治安秩序，公安机关的人民警察对有违法犯罪嫌疑的人员，经出示相应证件，可以当场盘问、检查；经盘问、检查，有下列情形之一的，可以将其带至公安机关，经该公安机关批准，对其继续盘问：

（一）被指控有犯罪行为的；

……

（三）有作案嫌疑身份不明的；

……

第 11 条　为制止严重违法犯罪活动的需要，公安机关的人民警察依照国家有关规定可以使用警械。

二、《城市人民警察巡逻规定》

第5条　人民警察在巡逻执勤中依法行使以下权力：

（一）盘查有违法犯罪嫌疑的人员，检查涉嫌车辆、物品；

（二）查验居民身份证；

（三）对现行犯罪人员、重大犯罪嫌疑人员或者在逃的案犯，可以依法先行拘留或者采取其他强制措施；

……

警务技战术实战训练

科目一　曲肘折臂控制技战术

适用警情：

已充分掌握嫌疑人的犯罪证据。嫌疑人处于双手抬起状态（如坐姿），潜在危险较低，要求立即实施抓捕。

技战术要领：

1. 民警战术站位接近嫌疑人，别臂固锁控制嫌疑人。

2. 嫌疑人被控制后，双警加紧嫌疑人，控制其颈部，并进行语言控制，押解带离。

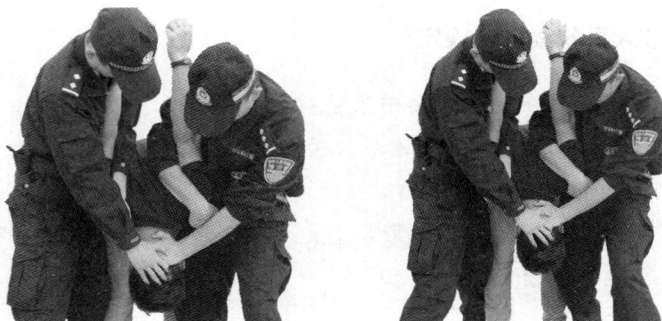

科目二　实战综合应用

一、分析研判——应急预案制定

执法程序	案情分析		案情判定
确定盘查对象	一中年男子持假身份证上网，外貌和网上通缉持械杀人犯相似		确定盘查对象
形势评估	基本情况	一中年男子着黑色冲锋衣、浅绿色裤子，戴鸭舌帽，背大背包一个，持假身份证上网，外貌和网上通缉持械杀人犯相似。男子上网登记的时排队人员较多，无法确认是否有同伙	提高武力级别
	分析研判　嫌疑人	无法判断身上是否有随身凶器，潜在危险较高	隐蔽接近，秘密抓捕
	警员	多警	保证警力优势

续表

执法程序	案情分析		案情判定
预案	预案一	嫌疑人服从民警	戒备组封堵出入口，并对盾牌隐蔽看管；接应组分流、隔离嫌疑人和其他人的距离，如果有特殊突发警情发生，接应组保护群众的安全；抓捕组中主抓捕手控制右侧身，第二抓捕手控制左侧身，第三抓捕手控制颈部，曲肘折臂徒手控制
	预案二	嫌疑人持凶器拒捕	接应组持盾牌、抓捕组持催泪喷射器战术控制
	预案三	嫌疑人持有武器拒捕	接应组持防弹盾牌，结合警情实时还击。如若不适合抓捕，保护群众安全的前提下，战术撤退

二、预案实施

（一）戒备组战术站位

1. 对网吧的各个出入口封锁，监控。

2. 对网吧外人员的控制。

3. 对网吧内人员的分流、控制。

4. 对盾牌等暴露秘密抓捕警械武器的看管。

（二）接应组战术站位

1. 两名民警在上网嫌疑人的对面，确认嫌疑人的外貌等特征，抓捕时负责控制背包。如果主控民警徒手控制嫌疑人时出现失败，两名民警负责保护其他人员。

2. 一名民警在嫌疑人上网这一排的入口。如果主控民警徒手控制嫌疑人时出现失败，该民警负责保护其他人员。

（三）抓捕组战术站位

1. 两名民警战术接近嫌疑人，坐在嫌疑人相邻的座位。嫌疑人右边为主控民警，第三名机动民警位于嫌疑人身后。

2. 两名抓捕人员曲肘折臂控制嫌疑人。

（1）民警曲肘折臂控制嫌疑人后，主控民警右手顶压嫌疑人颈部，并进行语言控制："我们是民警，不要动，否则后果自负！"另一民警用左肘顶压嫌疑人的面部。

（2）第三名民警重心后移，目视嫌疑人，双手推紧椅子背，右脚顶住椅子腿，迫使嫌疑人无法站立。

（3）嫌疑人身前的一名接应民警控制背包。另一名接应民警进行语言控制："我们是民警，现依法对嫌疑人进行抓捕，无关人员双手抱头，趴在桌子上，否则后果自负！"

（4）戒备民警在入口处持盾戒备震慑。

警情诱导一：嫌疑人身体素质好，并有实战对抗经验，徒手别臂固锁控制没有达到很好的效果。

（四）战术站位

1．抓捕组战术撤回并弧形战术站位；持盾民警前插；抓捕组一名民警持枪戒备，一名取催泪喷射器，一名持伸缩警棍。

2．接应民警分流其他上网人员。

警情诱导二：嫌疑人抓起一把椅子和民警对峙。

（五）控制

1．抓捕组民警进行语言控制："放下椅子，否则武力控制，后果自负！"

2．催泪喷射器喷射。

警情诱导三：喷射效果好，嫌疑人放下椅子，蹲在地上痛苦的抹眼睛。

3．持盾民警，进行盾牌控制。

4．俯卧式上铐。

5．俯卧式搜身。

6．搜查背包。

7．押解带离。

（六）抓捕行动善后工作

1．接应组对网吧内其他人员身份核查确认。

2．做好解释。

3．接应组固定证据，对现场进行搜查取证。

4．戒备组清点、撤离。

子情境十六

室外繁华场所 特殊人群的警情处置

任务十六　民警对酒后闹事嫌疑人的案情处置

案　情：接 110 指挥中心命令，群众举报，某小区停车场内，一名疑似醉酒男性闹事，神志不清，胡言乱语，手持砍刀毁坏车辆及公共财物，嫌疑人对劝说阻止群众砍击。

案情诱导：语言控制无效，嫌疑人控制不住自己的情绪。

基本知识

科　目　案件处置的法律依据

一、《中华人民共和国人民警察法》

第 6 条第 1、2 项；第 7 条（参照任务十四）

第 8 条　公安机关的人民警察对严重危害社会治安秩序或者威胁公共安全的人员，可以强行带离现场、依法予以拘留或者采取法律规定的其他措施。

第 11 条　为制止严重违法犯罪活动的需要，公安机关的人民警察依照国家有关规定可以使用警械。

第 14 条　公安机关的人民警察对严重危害公共安全或者他人人身安全的精神病人，可以采取保护性约束措施。需要送往指定的单位、场所加以监护的，应当报请县级以上人民政府公安机关批准，并及时通知其监护人。

二、《城市人民警察巡逻规定》

第 4 条　人民警察在巡逻执勤中履行以下职责：

……

（十一）制止精神病人、醉酒人的肇事行为；

……

第5条 人民警察在巡逻执勤中依法行使以下权力：

……

（五）对违反治安管理的人，可以依照《中华人民共和国治安管理处罚条例》的规定，执行处罚；

……

警务技战术实战训练

科目一 盾牌控制站姿嫌疑人技战术

适用警情：

嫌疑人手持砍刀，不服从民警控制，背后有依托物。

技战术要领：

1. 4名民警成抓捕战术队形推进。

劝告、谈判无效后，3名民警持防暴盾牌呈弧形战术队形；主控民警搭枪戒备，战术站位于持盾民警身后。4名民警战术队形推进。主盘民警进行语言控制："放下凶器，否则对你武力控制！"

警情诱导一：嫌疑人不服从语言控制。

2. 持盾民警战术推进，把嫌疑人往墙边逼。临近墙边时，战术推进转换队形成"U"形内缩合围，给嫌疑人造成心理压力，迫使嫌疑人进攻。嫌疑人进攻时，防暴民警持盾上格挡，破坏嫌疑人的重心。

3. 被袭击民警主动应击嫌疑人，同时推击嫌疑人侧面，迫使嫌疑人转身；相邻民警平推嫌疑人腰部，迫使嫌疑人背转身；中间民警从嫌疑人身后前推腰部，合力将嫌疑人压控在墙上。嫌疑人左侧民警斜持盾牌控制嫌疑人左手，同时协助中间民警控制其身体；右侧民警控制其右臂的同时，控制砍刀。

4. 主控民警进行语言控制："放下砍刀，否则后果自负！"嫌疑人右手侧民警用盾牌右侧边砍击嫌疑人右手腕，迫使砍刀落地；主控民警控制刀后取铐。

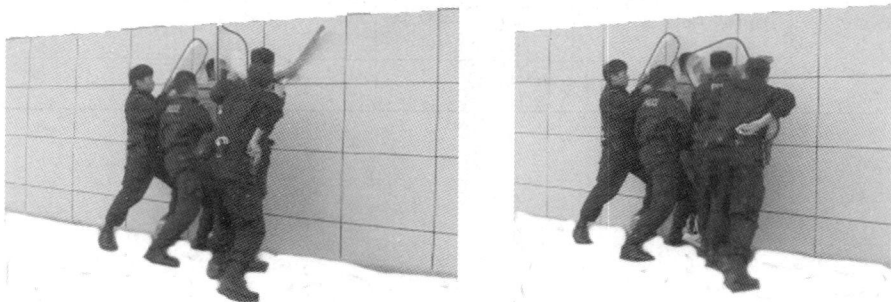

5. 在戒备民警的协助下，背手上铐，折肩压颈控制。

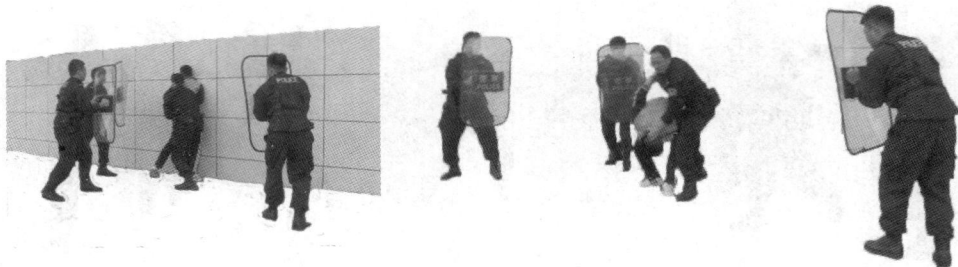

科目二　实战综合应用

一、分析研判——应急预案制定

执法程序	案情分析			案情判定
确定盘查对象	一名男性砍击毁坏车辆及公共财物			确定盘查对象
形势评估	基本情况		群众举报，疑似醉酒男性闹事，神志不清，胡言乱语，手持砍刀毁坏车辆及公共财物，嫌疑人对劝说阻止群众砍击	保证安全的前提下，尽量选用最低武力级别
	分析研判	嫌疑人	神志不清，持刀砍击，潜在危险较高	多警小组战术围捕
		警员	多警	保证警力优势

续表

执法程序	案情分析		案情判定
预案	预案一	四人抓捕小组战术推进，嫌疑人情绪反应不大	民警劝阻，找相关家属亲人协助稳定情绪；无效后接应组拉起警戒带，并控制围观人群远离；戒备组控制可能的逃跑通道，四人抓捕战术小组战术队形实施抓捕
	预案二	四人小组战术推进，嫌疑人情绪激动，持砍刀胡乱砍击	策应战术队形转换三角战术队形抓捕
	预案三	推进过程中，嫌疑人出现自杀、自伤等突发情况，以威胁民警	民警应停止推进，与嫌弃人谈判，依据警情处置

二、预案实施

1. 戒备组战术站位。

（1）对可能逃跑的口进行封锁、监控。

（2）对围观人员进行劝解疏散。

2. 接应组战术站位。

（1）拉起警戒带。

（2）如果控制失败，与戒备组形成战术抓捕队形。

3. 抓捕组战术站位抓捕组持盾牌战术推进控制站姿嫌疑人。

4. 抓捕行动善后工作。

（1）接应组对其余人员身份核查确认。

（2）做好解释工作。

（3）接应组固定证据，对现场进行搜查取证。

（4）戒备组清点、撤离。

情境五　群众性事件警务突发警情处置

子情境十七

群体性事件 对医闹事件的警情处置

任务十七　对围堵医院的案情处置

案　情：110 接警，2016 年 5 月 3 日上午约 7 时 40 分，因医患纠纷，约 10 人，在山东某医院行政大楼、门诊大楼大吵大闹并放置花圈，在医院大门口放置棺材，连救护车的进出也受到影响。

事情的起因：2016 年 5 月 1 日下午 5 时许，在父母带领下一名女孩张某（女，8 岁，已去世），来院就诊。在进行初步诊疗的过程中，病人突然病情恶化，去世。死者自发病、抢救到确认死亡，大约经过了一个半小时。

案情诱导：医院在民警的陪同下协商未果，参加医闹的人员在半小时之内由 10 人左右迅速扩大到 50 余人。

基本知识

科　目　案件处置的法律依据

一、《中华人民共和国人民警察法》

第 6 条　公安机关的人民警察按照职责分工，依法履行下列职责：

（一）预防、制止和侦查违法犯罪活动；

（二）维护社会治安秩序，制止危害社会治安秩序的行为；

……

（八）管理集会、游行、示威活动；

……

（十三）指导和监督国家机关、社会团体、企业事业组织和重点建设工程的治安保卫工作，指导治安保卫委员会等群众性组织的治安防范工作；

……

第8条　公安机关的人民警察对严重危害社会治安秩序或者威胁公共安全的人员，可以强行带离现场、依法予以拘留或者采取法律规定的其他措施。

第17条　县级以上人民政府公安机关，经上级公安机关和同级人民政府批准，对严重危害社会治安秩序的突发事件，可以根据情况实行现场管制。

公安机关的人民警察依照前款规定，可以采取必要手段强行驱散，并对拒不服从的人员强行带离现场或者立即予以拘留。

二、《中华人民共和国人民警察使用警械和武器条例》

第7条　人民警察遇有下列情形之一，经警告无效的，可以使用警棍、催泪弹、高压水枪、特种防暴枪等驱逐性、制服性警械：

……

（三）非法举行集会、游行、示威的；

（四）强行冲越人民警察为履行职责设置的警戒线的；

（五）以暴力方法抗拒或者阻碍人民警察依法履行职责的；

（六）袭击人民警察的；

（七）危害公共安全、社会秩序和公民人身安全的其他行为，需要当场制止的；

（八）法律、行政法规规定可以使用警械的其他情形。

人民警察依照前款规定使用警械，应当以制止违法犯罪行为为限度；当违法犯罪行为得到制止时，应当立即停止使用。

第9条　人民警察判明有下列暴力犯罪行为的紧急情形之一，经警告无效的，可以使用武器：

……

（十）以暴力方法抗拒或者阻碍人民警察依法履行职责或者暴力袭击人民警察，危及人民警察生命安全的；

......

（十五）法律、行政法规规定可以使用武器的其他情形。

人民警察依照前款规定使用武器，来不及警告或者警告后可能导致更为严重危害后果的，可以直接使用武器。

第11条 人民警察遇有下列情形之一的，应当立即停止使用武器：

（一）犯罪分子停止实施犯罪，服从人民警察命令的；

（二）犯罪分子失去继续实施犯罪能力的。

三、《城市人民警察巡逻规定》

第4条 人民警察在巡逻执勤中履行以下职责：

（一）维护警区内的治安秩序；

......

（四）警戒突发性治安事件现场，疏导群众，维持秩序；

（五）参加处理非法集会、游行、示威活动；

......

四、《公安机关处置群体性事件规定》

第6条 遇有下列群体性事件，公安机关不得动用警力直接处置，但可派出便装民警或者少量着装民警到现场掌握情况，维持秩序，及时报告现场动态，配合党委、政府和有关主管部门做好矛盾化解工作，并做好随时出警处置的准备。

（一）集会、游行、示威活动发生在校园、单位内部，尚未发生行凶伤人、非法拘禁或者打砸抢烧行为的；

（二）聚众上访尚未发生堵门、堵路、拦截车辆、围攻殴打国家机关工作人员或者其他严重违法行为的；

......

（四）其他人民内部矛盾尚未激化、可以由有关主管部门化解的群体性事件。

第7条 遇有下列群体性事件，公安机关应当根据党委、政府的决定并在其统一领导下，迅速调集警力赶到现场，依法采取措施妥善处置。

......

（四）聚众围堵、冲击党政机关、司法机关、军事机关、重要警卫目标、广播电台、电视台、通讯枢纽、外国驻华使（领）馆以及其他要害部位或者单位，聚众堵塞公共交通枢纽、交通干线、对外开放口岸、破坏公共交通秩序或者非法占据公共场所；

……

第 12 条　公安机关处置群体性事件，可以根据现场情况，经现场指挥批准，依法采取下列管制措施：

（一）封闭现场和相关区域；

（二）设置警戒带、隔离设施等，划定警戒区和新闻采访区，隔离围观人员；

（三）实施区域性交通管制；

（四）守护重点目标；

（五）查验现场人员身份证件和随身携带的物品。

第 17 条　群体性事件发生后，公安机关应当密切关注互联网和手机短信等信息，及时封堵、删除有害信息，防止现实危害。必要时，应当会同新闻宣传部门拟定消息通稿，适时对外发布。

警务技战术实战训练

科目一　徒手隔离、拦截基本队形技战术

适用警情：

针对一般警情的群体性事件，依据警情，进行合理战术站位。

战术队形：

1. "一"字横队立正戒备徒手隔离、拦截队形。

2. "一"字横队跨立戒备徒手隔离、拦截队形。

3. "一"字横队搭手戒备徒手隔离、拦截队形。

4. "一"字横队正反搭手戒备徒手隔离、拦截队形。

5. "一"字横队前拉手徒手隔离、拦截队形。

6. "一"字横队后拉手徒手隔离、拦截队形。

7. "一"字横队拉肘扶带徒手隔离、拦截队形。

8. "一"字横队搭肩拉肘徒手隔离、拦截队形。

科目二　盾牌隔离、拦截队形技战术

适用警情：

针对特殊警情的群体性事件，依据警情武力级别的不同，进行战术站位。

战术队形：

1. "一"字横队盾牌戒备隔离、拦截队形。

2. 多排协防盾牌戒备隔离、拦截队形。

3. 前三角穿插队形隔离、拦截队形。

4. 盾牌墙隔离、拦截队形。

科目三　隔离、拦截队形变换

对于未发生暴力冲突的非法集会、游行、上访、围堵单位大门等事件，聚集人群不听从劝告，企图越过警戒线。指挥员根据警情迅速组织警力，变换成有效战术队形，阻止事件扩大。同时要在人群可能前往的路线、重要目标设置纵深

（延长拦截面，增加拦截点）拦截警力。

1. 战术变换队形：由后往前插入。

适用警情：

当聚集人群逐渐增多，并向警戒线靠近，第一排阻挡拦截民警之间距离较大，接应民警战术组迅速从第一排两名民警之间插入，形成"一"字密集队形，依据警情形成有效的隔离、拦截队形。

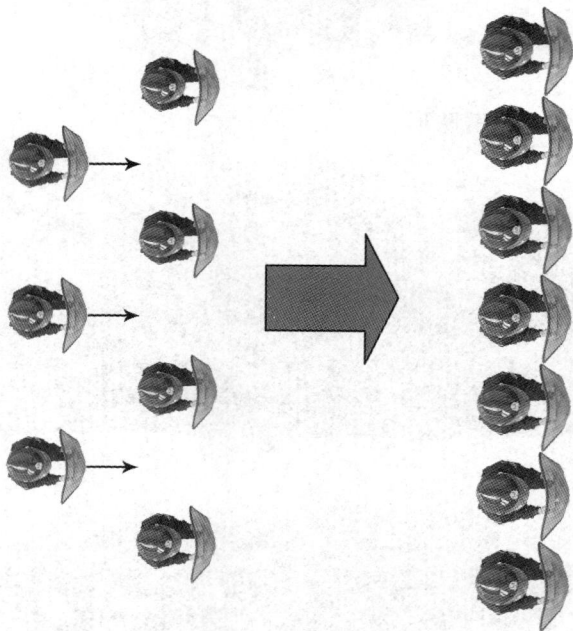

2. 战术变换队形：整排移动穿插。

适用警情：

当聚集人群在隔离、拦截队形范围外聚集、靠近，支援民警整排（或者分开多个战术小组）支援原有队形的一侧或两侧，依据警情形成有效的隔离、拦截队形。

警情一：

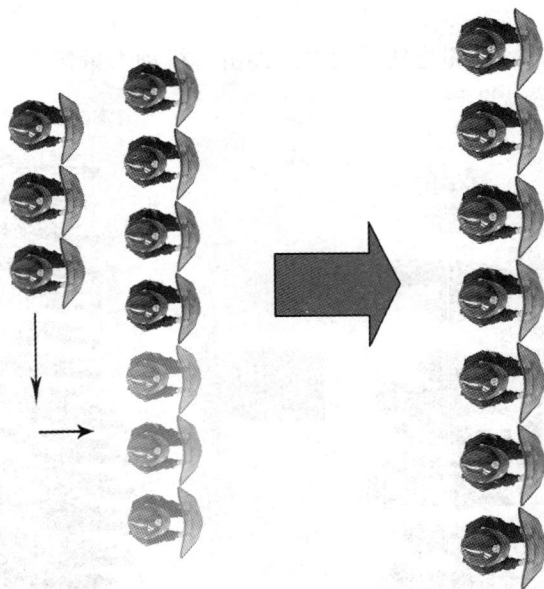

警情二：

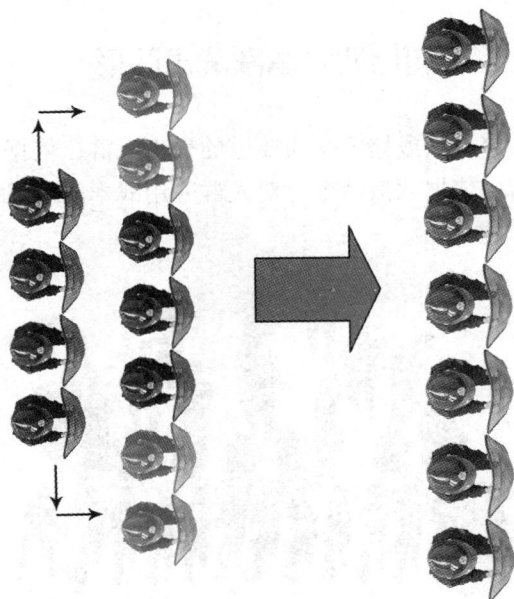

3. 战术变换队形：机动警力迅速支援。

适用警情：

当隔离、拦截队形局部受到较大力量冲击，机动力量快速到达需要支援的部位，形成局部两列横队队形。

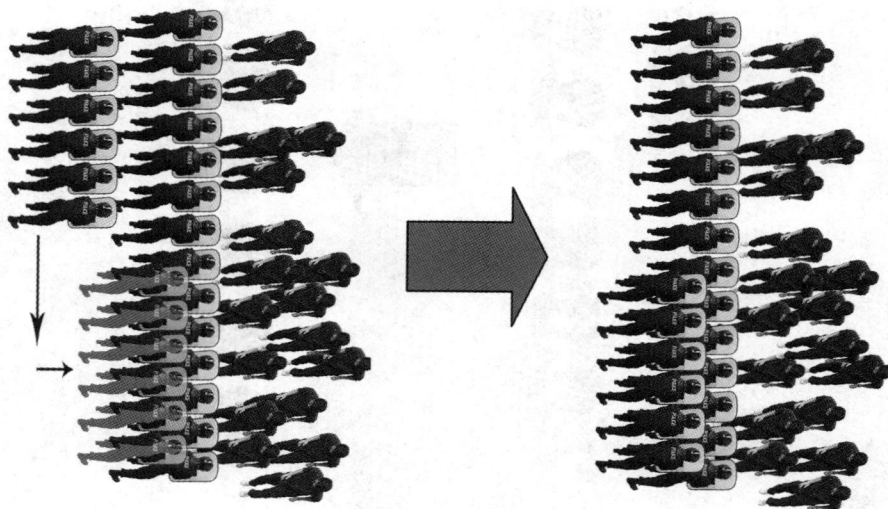

科目四　驱散战术队形

整体驱散：对久聚不散或堵塞交通要道的聚集人群，依据警情确需要强行驱散的，经警告无效后，依据驱散命令，对人群采用战术队形强行驱散。

1. "一"字形推进驱散。

2. 前弧形推进驱散。

3. 梯形交替推进驱散。

科目五　分割驱散战术队形

　　在公共开阔的场所，为降低闹事人群的直接对抗力或开辟通道，需要对人群进行分割驱散战术。依据指挥员命令，立即实施战术动作。

1. 半弧包围引导。

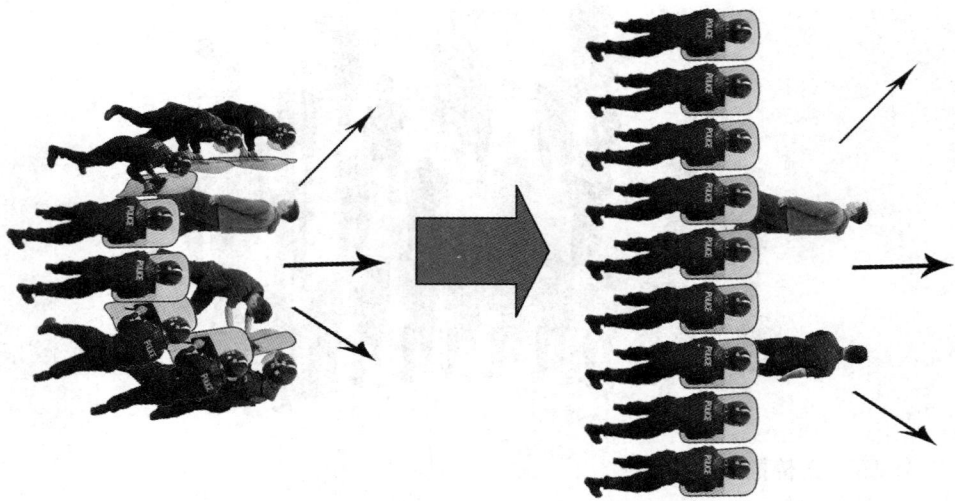

2. 分割疏散插入分割。

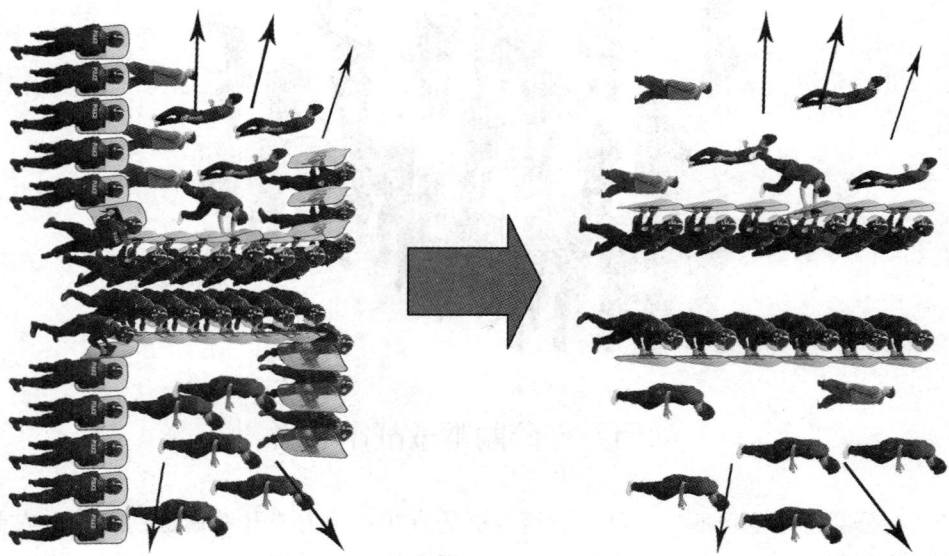

3. 分割疏散箭形分割。

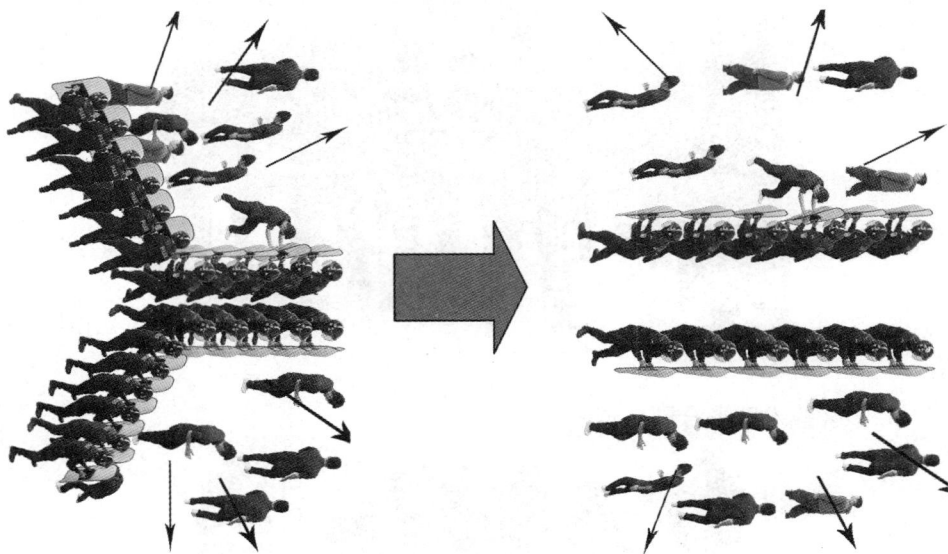

科目六　抓捕带离战术队形

对于煽动事件的骨干力量、实施打砸抢烧行为的人员，在调查取证的前提下，锁定抓捕目标，采用战术对象转换，果断实施抓捕。

1. 三警合围抓捕。

2. "U"形围捕队形。

3. 多警战术队形合围抓捕。

科目七　实战综合应用

一、分析研判——应急预案制定

执法程序	案情分析	案情判定
确定对象	因医患纠纷，采取不合理的谈判手段，严重影响了医院的正常秩序，造成了恶劣的社会影响	确定处置对象

续表

执法程序	案情分析			案情判定
形势评估	基本情况		群众不合理手段的医闹，不听从合理的赔偿要求，聚集多人进行医闹	恢复医院正常秩序，降低社会影响
	分析研判	嫌疑人	人数众多，而且情绪激动	敦促有效谈判，降低事件的进一步恶化
		警员	调集相关部门的力量	保持警力优势，平息事态
		环境	医院门口，人员多，而且杂，容易激化矛盾	做好宣传，尽快解决
预案	预案一		闹事人情绪稳定	相邻派出所警力，领取装备迅速集结，到达现场组成徒手隔离战术队形，把闹事人隔离出医院大门外，控制事态，民警谈判组协助医院和家属代表谈判
	预案二		闹事人群徒手冲撞	谈判组协助医院和家属代表谈判，闹事家属索要成本太高，而且不合理，医院不同意。闹事人群开始冲撞人墙，要进医院闹事。徒手战术队形变换，隔离、拦截队形变换，对不听劝阻、打砸的人员抓捕带离
	预案三		闹事人群持械冲撞	闹事家属聚集人员较多，持械进攻民警。调集特警队等相关部门应急处置，对人群强行驱散，对闹事头目实施抓捕

二、预案实施

1. 到达现场，民警呈"一"字横队正反搭手戒备，徒手隔离。

2. 谈判组分别和家属、医院接触，了解详细案情。

3. 背向民警疏散、分割，将医院内部闹事人员驱散到医院外边。

4. 谈判组组织家属和医院谈判。

警情诱导一：家属开出的协商条件超过医院的预期，医院认为不合理，建议家属走司法途径，家属情绪激动。几个年龄大的抬着花圈往医院走，并且有人开始在医院门口焚烧"冥币"。

5. 民警呈"一"字横队拉肘扶带徒手、拦截队形，进行拦截，谈判组进行劝阻。

警情诱导二：群众逐渐开始围观，闹事人群把棺材抬到门口中央，不允许任何人进入医院，并搭建灵堂。

6. 防爆大队支援，成"一"字横队盾牌拦截队形。

警情诱导三：谈判组进行警告："你们的行为属于违法行为，如果协商不成，可以走司法程序解决。现在你们马上散去，停止违法行为，否则武力清除！"闹事家属以人死为由，大哭大闹，并冲击人墙，强行进入医院。

7. 战术队形协防。

8. 民警呈"一"字形推进驱散闹事人群。

警情诱导四：闹事人群开始往战术队形里扔杂物，发泄不满。

9. 民警呈"一"字密集队形靠拢，盾牌墙隔离。

警情诱导五：闹事人群推搡盾牌，并持棍棒击打。

10. 箭形分割疏散，抓捕组将花圈等扰乱秩序的物品清除。

警情诱导六：家属意见非常大，有几个带头的冲撞盾牌墙，并用棍棒等物品打砸。

11. 多警战术队形合围抓捕。

12. 清除场地，恢复秩序，做好宣传引导工作，将警情及时汇报。

图书在版编目（ＣＩＰ）数据

警察实战技战术/姜红升编著. —北京：中国政法大学出版社,2018.8（2023.1重印）
ISBN 978-7-5620-8490-7

Ⅰ.①警… Ⅱ.①姜… Ⅲ.①警察－训练－中国 Ⅳ.①D631.15

中国版本图书馆CIP数据核字(2018)第190185号

出 版 者	中国政法大学出版社
地　　址	北京市海淀区西土城路 25 号
邮　　箱	fadapress@163.com
网　　址	http://www.cuplpress.com (网络实名：中国政法大学出版社)
电　　话	010-58908435(第一编辑部) 58908334(邮购部)
承　　印	固安华明印业有限公司
开　　本	720mm×960mm　1/16
印　　张	15
字　　数	260 千字
版　　次	2018 年 8 月第 1 版
印　　次	2023 年 1 月第 3 次印刷
印　　数	9001～12000 册
定　　价	39.00 元